플레이어를 생각하는

디자인 노하우

플레이어를 생각하는 게임 UI 디자인 노하우

콘셉트, 톤 앤 매너, UI 규칙, 프로토타이핑, 인터랙션, 구현까지

초판 1쇄 발행 2023년 10월 27일

지은이 오타가키 사야코 / **옮긴이** 김모세 / **펴낸이** 전태호
펴낸곳 한빛미디어(주) / **주소** 서울시 서대문구 연희로2길 62 한빛미디어(주) IT출판2부
전화 02-325-5544 / **팩스** 02-336-7124
등록 1999년 6월 24일 제25100-2017-000058호 / **ISBN** 979-11-6921-158-1 93000

총괄 송경석 / **책임편집** 홍성신 / **기획 · 편집** 이윤지 / **교정** 오은교
디자인 조현덕 / **전산편집** 다인
영업 김형진, 장경환, 조유미 / **마케팅** 박상용, 한종진, 이행은, 김선아, 고광일, 성화정, 김한솔 / **제작** 박성우, 김정우

이 책에 대한 의견이나 오탈자 및 잘못된 내용에 대한 수정 정보는 한빛미디어(주)의 홈페이지나 아래 이메일로
알려주십시오. 잘못된 책은 구입하신 서점에서 교환해 드립니다. 책값은 뒤표지에 표시되어 있습니다.

한빛미디어 홈페이지 www.hanbit.co.kr / 이메일 ask@hanbit.co.kr

実践ゲームUIデザイン
(Zissen Game UI Design: 7182-1)
© 2022 Sayako Otagaki
Original Japanese edition published by SHOEISHA Co.,Ltd.
Korean translation rights arranged with SHOEISHA Co.,Ltd. through Botong Agency
Korean translation copyright © 2023 by Hanbit Media, Inc.
Illustrator オフィスシバチャン

지금 하지 않으면 할 수 없는 일이 있습니다.
책으로 펴내고 싶은 아이디어나 원고를 메일(writer@hanbit.co.kr)로 보내주세요.
한빛미디어(주)는 여러분의 소중한 경험과 지식을 기다리고 있습니다.

플레이어를 생각하는

게임 UI 디자인 노하우

디자인 노하우

오타가키 사야코 지음 | 김모세 옮김

콘셉트, 톤 앤 매너, UI 규칙, 프로토타이핑, 인터랙션, 구현까지

SE
SHOEISHA

HB 한빛미디어
Hanbit Media, Inc.

지은이·옮긴이 소개

지은이 **오타가키 사야코**

반다이남코 온라인 프로듀서.

게임 개발사에서 위탁 개발 경험을 거쳐 2015년에 반다이남코 온라인으로 이직했다. IP 타이틀을 중심으로 한 컨슈머, 스마트폰, 아케이드, PC용 게임의 UI 디자인 및 리드 비주얼 디자이너를 담당했으며 최근 프로듀서로서 신규 개발 프로젝트를 맡았다. 개인적으로는 비주얼 디자이너로서 크리에이터 활동을 펼치고 있다.

옮긴이 **김모세** creatinov.kim@gmail.com

대학 졸업 후 소프트웨어 엔지니어, 소프트웨어 품질 엔지니어, 애자일 코치 등 다양한 부문에서 소프트웨어 개발에 참여했다. 재미있는 일, 나와 조직이 성장하도록 돕는 일에 보람을 느껴 2019년부터 번역을 시작했다. 옮긴 책으로는 『인간 vs. AI 정규표현식 문제 풀이 대결』(제이펍), 『애자일 개발의 기술 2판』(에이콘), 『타입스크립트, 리액트, Next.js로 배우는 실전 웹 애플리케이션 개발』(위키북스), 『추천 시스템 입문』(한빛미디어) 등이 있다. 이 책은 41번째로 옮긴 책이다.

머리말

이 책을 읽는 게임 UI와 관련된 일을 하고 있는 모든 분에게 감사드립니다.

다소 갑작스럽지만 한 가지 질문을 하겠습니다. '게임 UI 디자인 관련 서적'이 얼마나 있다고 생각하십니까? 기획서를 작성하는 방법, 그림 그리는 방법, 3D CG 교본, 프로그램 기술서 등은 많지만 오로지 게임 UI에 초점을 둔 책은 그리 많지 않습니다. 그 이유는 무엇일까요?

저는 크게 두 가지 이유를 꼽습니다. 먼저 UI는 게임 장르나 대상에 따라 개발 내용이 크게 달라진다는 점, 다른 하나는 업계의 표준 도구가 정해져 있지 않고 작업 흐름이 체계화되어 있지 않다는 점입니다.

전자는 어쩔 수 없다 하더라도 후자는 어떻게든 대응할 수 있지 않을까 고민하던 중 본디지털 출판사와 분교학원 대학 콘텐츠 다국어 지적재산화 센터가 주최한 'CGWORLD 2019 크리에이티브 콘퍼런스'에서 강연할 기회를 얻었습니다.

이제까지의 경험을 활용해 '게임 UI 개발에서의 시행착오'에 대한 강연을 했는데 반응이 상당히 좋았습니다. 강연 이후 공개한 슬라이드 자료 역시 상상을 초월하는 조회수를 기록했습니다.

URL https://cgworld.jp/feature/202002-cgwcc-uiux.html

이 책은 당시 강연에서 사용한 자료를 바탕으로 많은 내용을 수정하여 제가 과거 기획에 참여했던 프로젝트 경험을 더해 '게임 UI 디자인 작업 흐름'을 체계적으로 정리한 것입니다.

현업에서 활약하는 다양한 파트의 실무자로부터 얻은 의견을 반영하고 초보자도 실전에서 바로 활용할 수 있는 다양한 예시를 수록했습니다. 또한 게임 UI 개발에 필요한 다른 협업 부서와의 커뮤니케이션, 인하우스 디자이너로서 스킬 향상에 필요한 비즈니스 기법도 함께 다루고 있습니다.

이 책이 여러분의 UI 디자인과 일상 업무에 조금이라도 도움이 되면 좋겠습니다. 즐거운 게임 UI 세계로, 함께 여행을 떠나봅시다!

오타가키 사야코

게임 UI 개발 작업 흐름

콘셉트 결정
프로젝트 스토리
톤 앤 매너
UI 규칙

프로토타이핑
게임 전체 흐름
기획 요구사항 파악
세부 요소 결정

비주얼 디자인
러프 디자인
실제 디자인
동작과 연출

구현
데이터 규칙
구현 데이터 작성
동작 테스트

폴리싱 $+\alpha$
전체 검수
플랫폼 대응
다국어 환경 대응 등

대상 독자

이 책의 대상 독자는 다음과 같습니다.

- 신입 UI 디자이너
- 리드 UI 디자이너
- 게임 UI 관련 기획자
- 게임 UI 관련 엔지니어

특히 회사원으로서 게임 개발에 종사하는 분이 대상이지만 UI 디자이너를 꿈꾸는 학생이나 인디게임을 개발하고 있는 분에게도 도움이 될 것입니다.

게임 UI 디자인은 프로젝트 정책에 따라 그 특성이 크게 달라집니다. 체계적인 학습을 방해하지 않도록 지나치게 개별적인 세부 사항은 생략하였으니 여러분의 환경에 맞춰 활용하기 바랍니다.

또한 이 책에서는 너무 기본적인 디자인 기초 지식이나 도구 사용 방법은 설명하지 않습니다. 해당 분야에 관해서는 이 책보다 뛰어난 책들이 많으므로 디자인 전반에 전혀 지식이 없는 분은 이 책 마지막에 소개한 '참고 자료'를 함께 보면서 학습하기를 권장합니다.

이 책에 등장하는 캐릭터

이 책에서는 여러분이 직관적으로 내용을 이해할 수 있도록 직종별 캐릭터를 활용하고 있습니다. 캐릭터를 자신이나 주변 직장 동료라고 생각하면서 읽으면 도움이 될 것입니다.

- UI 리더
- UI 담당자
- 기획자
- 엔지니어
- 프로젝트 관리자
- 이해관계자(임원급)

이 책을 읽는 방법

이 책은 다음과 같이 구성되어 있습니다.

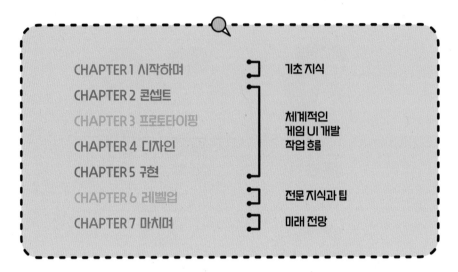

1장에서는 게임 UI 디자이너에게 필요한 기초 지식을 다룹니다. 2장~5장에서는 게임 UI 개발 과정을 작업 흐름에 따라 체계적으로 학습합니다. 6장에서는 게임 UI 디자인에 필요한 한층 더 전문적인 지식과 유용한 팁을 소개합니다. 7장에서는 게임 UI 디자인 업무의 미래 전망을 살펴봅니다.

책을 처음부터 끝까지 순서대로 읽는 것이 좋지만 관심 있는 부분을 먼저 골라 읽어도 좋습니다. 중간부터 읽더라도 직관적으로 쉽게 이해할 수 있도록 많은 이미지를 사용해 구성했습니다.

또한 UI 예시 이미지는 기존 게임의 스크린샷이 아닌 오리지널 디자인을 수록했습니다. 단, 내용을 쉽게 전달하기 위해 일부 예시는 기존 게임의 요소를 참고하여 제작했습니다. 관련 내용은 책 말미의 '참고 자료'를 살펴보기 바랍니다.

확인해보면 좋을 체크포인트나 유의 사항은 다음과 같이 표시했습니다.

디자인 확인 시 파일 형식

디자인의 품질 확인을 요청할 때는 다음과 같은 사항에 유의합니다.

추가로 전달하고자 하는 내용이나 짤막한 생각을 담은 칼럼은 다음과 같이 표시했습니다.

'UI'라는 용어

UI는 말 그대로 '사용자 인터페이스User Interface'를 줄인 것인데요, 저는 이 '유아이'라는 말을 매우 좋아합니다.

옮긴이의 말

우리 주변에는 많은 게임이 있습니다. PC 게임, 콘솔 게임, 모바일 게임까지 눈과 손이 닿는 모든 곳에 게임이 있다고 해도 과언은 아닐 것입니다.

여러분의 마음에 들었던 게임을 떠올려봅시다. 그리고 이번에는 여러분의 마음에 들지 않았던 게임을 떠올려봅시다. 마음에 들었거나 들지 않았던 이유는 무엇일까요? 게임 캐릭터, 스토리 라인, 배경 음악, 특별한 연출 등 많은 이유가 있을 것입니다. 그 가운데 게임을 쾌적하게 즐기기 위한 UI/UX는 없었나요?

게임 UI는 사용자 경험에 큰 역할을 합니다. 아무리 멋진 캐릭터로 가득해도, 스토리 라인이 훌륭해도, 배경 음악이 멋져도, 연출이 화려해도 게임을 즐기는 것은 사람이기 때문에 사람이 조작하기에 좋은 환경이어야만 그런 요소들이 주는 감동을 자연스럽게 느낄 수 있습니다.

이 책은 바로 그런 게임 UI/UX 디자인에 관해 다룹니다. 게임 UI/UX는 게임 장르나 성격에 따라 크게 다르며 게임 디자인에 은탄환은 없습니다. 그러나 이 책에서 소개하는 다양한 요소를 고려함으로써 게임 UI/UX는 물론 일반 사용자를 위한 서비스나 제품을 설계하는 데 적용 가능한 아이디어도 얻을 수 있으리라 생각합니다.

번역을 통해 유익한 지식을 공유할 수 있게 해주신 하나님께 감사드립니다. 또한 좋은 책을 번역할 수 있도록 도와주신 한빛미디어 김태헌 대표님, 교정 및 편집에 힘써주신 이윤지 편집자에게도 감사드립니다. 마지막으로 번역하는 동안 한결같은 마음으로 지지해준 아내와 세 딸에게도 고마움을 전합니다.

김모세

목차

CHAPTER 1

시작하며

CHAPTER 2

콘셉트

chapter 3

프로토타이핑

chapter 4

디자인

chapter 5

구현

chapter 6

레벨업

chapter 7

마치며

시작하며

게임 UI 디자이너의 역할은 매우 다양합니다.

먼저 어떤 업무를 하며 무슨 문제가 발생하는지 살펴보겠습니다.

실무 경험이 있다면 업무에서 흔히 발생할 수 있는 상황이니 참고해보세요.

지식이라는 장비를 갖추고 즐거운 게임 UI 디자인의 모험을 시작해봅시다!

1.1 게임 UI 디자이너의 업무

게임 UI 디자이너의 역할은 매우 다양합니다. 게임 설계에서 구현까지의 모든 과정을 담당하는 사람이 있는가 하면, 배너나 아이콘 등 그래픽 디자인을 주로 담당하는 사람도 있습니다. 프로젝트 정책이나 소속된 회사에 따라 업무 범위가 다릅니다.

이번 장에서는 회사 안에서 이루어지는 게임 UI 디자인 과정을 전반적으로 설명합니다. 이제 막 입문한 사람들에게는 곧바로 와닿지 않는 부분도 있지만 경력이 쌓이다 보면 언젠가는 UI 리더 역할을 하게 될 수도 있습니다. '이런 역할도 하는구나' 정도로 생각을 정리하는 데 도움이 되기를 바랍니다.

또한 UI 디자이너의 업무는 기획자 및 엔지니어의 업무와도 밀접하게 연관되어 있습니다. 어느 부분에서 얼마만큼의 범위를 담당하는지 항상 조율하면서 업무를 진행하게 됩니다.

1.1.1 담당 범위

게임 UI 디자이너는 주로 다음 세 가지 업무를 담당합니다.

- 사용자 경험과 콘셉트, 게임 흐름 등의 '설계'
- 이미지, 부품, 그래픽 등의 '비주얼 디자인'
- 조작 및 인터랙션 등의 '구현'

UI^{User Interface}는 '사용자 인터페이스'라는 이름처럼 항상 플레이어 가까이에서 쾌적한 경험과 게임 세계로의 몰입감을 선사합니다. 이를 위해서는 겉으로 드러나는 비주얼 디자인이 뛰어나야 할 뿐만 아니라 경험 설계나 조작에 맞는 적절한 인터랙션이 반드시 필요합니다.

'겨우 세 가지뿐인가?'라고 생각할 수도 있지만 업무를 상세하게 나누어보면 그 종류가 매우 다양합니다. 다음 그림을 봅시다.

어떤가요? 극히 일부 역할만 나타내도 이 정도입니다. 2D 그래픽에 따라오는 잡무는 끝도 없이 생기는 것이 현실입니다. 최근 UI 디자이너, UI 아티스트, UX 디자이너 등의 전문 분야로 특화 및 세분화되고 있지만 여전히 하나의 직종으로 취급하는 현장도 많습니다.

게임 UI 디자이너를 목표로 하거나 어느 날 갑자기 상사에게 "오늘부터 UI를 담당해주세요!"라는 말을 들었다면 앞으로 본인이 담당할 업무의 범위를 먼저 생각하고 임하기를 권합니다.

1.1.2 게임 개발에 참여하는 방법

최근까지만 해도 UI 디자이너는 게임 개발 프로젝트의 중반이나 후반부터 참여해 이미 어느 정도 구현된 게임 시스템의 비주얼 디자인만 바꾸는 정도가 대부분이었습니다. "이것 좀 부탁해요!"라는 말과 함께 포토샵Photoshop을 사용할 줄 아는 2D 그래픽 담당자가 업무를 바꾸어가며 틈틈이 UI를 만들던 시절도 있었습니다.

하지만 요즘 게임은 보다 높은 수준의 플레이 경험을 요구하는 것은 물론 개발 비용도 막대합니다. 발등에 떨어진 불만 끄는 정도로 일해서는 이미 눈이 높아진 고객을 만족시킬 만한 UI를 개발하기는 어렵습니다. 시행착오를 거듭하는 데 드는 노력과 시간 또한 계속해서 늘어나기만 합니다.

UI 디자이너는 단지 포토샵을 다뤄본 적이 있는 담당자 역할에만 그치지 말고 초기 게임 개발 단계부터 UX^User Experience(사용자 경험) 설계나 제품 콘셉트 기획 전반에 확실하게 참여하는 것이 중요합니다.

하지만 실상은 세부적으로 나누기 어려운 업무도 많습니다. 프로젝트 규모에 따라 다르겠지만 먼저 방향을 제시하는 UI 리더와 실무를 수행하는 UI 담당자로 구성된 2인 체제의 UI 팀을 만들어두면 업무 할당이나 의사 결정에 드는 비용을 절약하며 효율적으로 개발을 진행할 수 있습니다. 이후 어느 정도 개발 규모가 드러나기 시작하면 점차 팀원을 늘리는 것이 좋습니다.

1.1.3 작업 흐름의 중요성

여러분이 이미 게임 UI 개발에 참여하고 있다면 아마 다음과 같은 고민을 한 적이 있을 것입니다.

기획을 변경해서
다시 만들어야 하나?

실제로 구현해보니
생각했던 것과 달라

반복적으로 수정하고 테스트하는 데
시간이 너무 많이 걸려!

인수인계로 받은 파일을
수정하기가 어려워!

개발 막바지인데 차마
손댈 수 없는 화면이 한가득!

마지막에 전체를 검토해보니
통일감이 없어…

이런 고민들은 UI 개발 현장에서 매우 빈번하게 들립니다. 수많은 UI 디자이너가 본인이 가진 기술과 지식을 쏟아붓지만 정 안되면 더 많은 인력을 투입하여 해결하려 하는 것이 현실입니다. 하지만 게임 업계에서 UI 디자이너는 귀한 존재이고 아무리 사람이 많다고 해도 이들의 업무는 분업하기 어렵습니다. 그렇기 때문에 이 책에서 다루는 '작업 흐름'이 중요합니다. UI 디자인 업무를 체계화하면 위와 같은 문제를 미리 방지하고 계속해서 발생하는 새로운 문제에도 가뿐하게 대응할 수 있습니다.

게임 개발은 원래 매우 즐겁고 창의적입니다. 특히 UI는 외부 요인에 의해 좌우되기 쉽고 개발자도 한편으로는 이용자이기 때문에 타 부서와 의견이 부딪히는 일도 많습니다. 그러나 이는 좋은 게임을 만들기 위해 반드시 필요한 과정이자 동시에 팀이 건강하다는 증거이기도 합니다. 만약 여러분이 참여하는 프로젝트에서 UI 디자인이 잘 진행되지 않는다면 여러분 스스로나 팀원의 능력을 의심하지 말고 작업 흐름을 손보기 바랍니다.

게임 UI 디자이너에 어울리는 사람

"게임 UI 디자이너에 어울리는 사람은 어떤 사람인가요?"라는 질문을 종종 받습니다. 기본적으로는 게임과 이용자에 대한 열의가 있다면 누구든 목표로 할 수 있는 직종이라고 생각하지만 제 주변을 살펴보면 다음과 같은 성향을 가진 사람이 많습니다.

- 밸런스 감각을 중요하게 생각한다.
- 세세한 작업을 잘 처리한다.
- 특정 영역에 고집이 세다.
- IT 문해력literacy이 높다.
- 친화적이다.
- 사람을 즐겁게 하거나 대접하기를 좋아한다.
- 자기 나름의 철학을 갖고 있다.

1.2 게임 UI에 필요한 관점

UI가 게임에만 존재하는 것은 아닙니다. 웹사이트나 스마트폰 애플리케이션, 티켓 판매기, ATM, 내비게이션 등 인터페이스는 다양한 곳에 존재합니다. 이런 서비스나 제품에서 볼 수 있는 UI와 게임 UI에는 어떤 차이가 있을까요?

게임은 엔터테인먼트라는 점이 가장 큰 차이라고 생각합니다. 예를 들어 웹사이트는 '정보를 전달한다', '상품을 판매한다', 자동차 내비게이션은 '최적의 경로로 목적지에 도달한다' 같은 명확한 목적이 있습니다.

반면 게임은 엔터테인먼트, 다시 말해 게임을 플레이하며 즐기는 것 자체가 목적인 경우가 많습니다. 따라서 게임 UI는 게임 속 세계관에 몰입하게 하거나 스테이지별로 과제(미션)를 수행하며 쾌감을 느낄 수 있도록 만들어져야 합니다. 그러기 위해서는 게임의 기능성이나 전환conversion을 추구하는 것뿐만 아니라 이용자의 마음을 흔드는 장치가 필요합니다.

긍정적인 감정뿐만 아니라 가슴이 두근거리고 짜릿한 긴장감과 심장이 떨릴 정도의 압박감을 의도적으로 전달하여, 미션을 해결한 순간 감동과 성취감을 느끼게 함으로써 이용자의 플레이 경험을 극대화할 수 있습니다.

이는 다른 서비스나 제품의 UI를 개발할 때는 크게 신경 쓰지 않는 게임 UI만의 관점입니다. 게임 UI 디자이너는 조작 용이성과 이용자의 감정 변화를 항상 염두에 두고 로직과 창의성을 모두 고려하여 디자인해야 합니다.

일반적인 서비스 · 제품 UI

▲ 온라인 쇼핑몰에서 상품을 쉽게
구입할 수 있게 한다.

▲ 티켓 판매기에서 티켓을 망설임
없이 구매할 수 있게 한다.

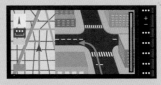

▲ 내비게이션으로 최적의 경로를 찾아
목적지까지 도달할 수 있게 한다.

게임 UI

▲ 희귀한 아이템을 랜덤으로 손에
넣었을 때의 기쁨

▲ 강한 적을 만났을 때 두근거리거나
긴장하면서 다음 행동을 선택

콘셉트

게임 UI에서 콘셉트는 매우 중요합니다.
훌륭한 게임 뒤에는 반드시 훌륭한 콘셉트가 있습니다.
먼저 프로젝트의 배경을 확실하게 이해하고
대상에 맞춰 톤 앤 매너를 만듭니다.
이 모든 것을 규칙으로 모아두는 것 또한 잊지 맙시다!

프로젝트 스토리

게임의 전체 UI 콘셉트를 구성할 때는 프로젝트 자체의 목적과 해당 게임을 플레이하는 고객(이용자)을 파악하는 것이 중요합니다. 대부분의 프로젝트에는 프로젝트 관리자나 디렉터로 불리는 사람들이 있습니다. 그들과 소통하면서 '이 프로젝트의 목표는 무엇인지' 그리고 '어떤 고객에게, 어떤 경험을 전달할 것인지'를 확인해둡니다.

2.1.1 비전과 목표

먼저 확인할 것은 프로젝트의 비전과 목표입니다.

- 비전: 대략적인 미래의 이미지
- 목표: 비전을 구체화한 것

예를 들어 '전 세계 사람이 플레이한다'와 같이 매우 추상적이고 이상적인 이미지는 **비전**에 해당합니다. 그리고 '게임 출시 후 1년 이내에 10개 국가에 서비스한다'와 같이 달성 여부를 정량적으로 판단할 수 있는 것은 **목표**에 해당합니다.

UI 디자인은 반복해서 개선하는 경우가 많기 때문에 항상 비전과 목표를 의식해야 원래 목적에 어긋나지 않고 적절하게 대응할 수 있습니다. 또한 해당 목표를 어느 마일스톤(중간 목표 지점)에서 달성할 것인지를 미리 계획해두는 것이 중요합니다. UI 리더는 그 지점을 기준으로 역산해 일정을 수립합니다.

2.1.2 타깃과 니즈

다음으로 타깃을 확인합니다. '이 게임의 대상이 누구인가'는 매우 중요하며 UI 콘셉트를 크게 좌우합니다. 예를 들어 다음과 같은 항목을 가정할 수 있습니다.

- 남성인가? 여성인가? 양쪽 모두인가?
- 10대인가? 20대인가? 아니면 50대인가?
- 어떤 게임을 좋아하는가?
- 게임을 플레이하는 시간이나 빈도는 어느 정도인가?
- 부담 없이 쓸 수 있는 비용은 어느 정도인가?

이런 항목을 기반으로 **유저 퍼소나**persona(가상의 이용자 이미지)를 만들고 이 사람이 어떤 방식으로 게임을 즐길지 구체적으로 상상합니다.

그리고 타깃의 **니즈**(원하는 경험과 가치)를 분석하는 것이 중요합니다. 다음은 니즈의 예시입니다.

- 새로운 쾌감을 얻고 싶다.
- 주변 사람들에게 도움이 되고 싶다.
- 다른 사람에게 감사를 받고 싶다.
- 자신의 실력을 인정받고 싶다.

게임은 플레이를 통해 이용자의 니즈를 만족시키는 엔터테인먼트입니다. 이 책은 UX 디자인(사용자 경험을 설계하는 것)을 자세히 다루지 않지만 이와 같은 경험 설계 부분을 확실히 이해하면 목적에 더욱 부합하는 UI를 디자인할 수 있습니다.

2.1.3 프로젝트 요구사항

다음으로 UI 개발과도 밀접한 관련이 있는 프로젝트 요구사항을 확인합니다.

- 출시는 언제인가?
- 마일스톤별 달성 조건은 무엇인가?
- 업데이트가 얼마나 자주 발생하는가?
- 플랫폼은 무엇인가? 스마트폰인가? 콘솔 게임기인가?
- 어느 국가에서, 몇 개 언어로 출시하는가?
- 최소/최대 해상도는 어느 정도인가?
- 색각이상에 대응하는가?
- 프레임 속도는 몇 fps인가?

UI는 게임 개발 전 과정에 영향을 미치므로 이런 사항들을 미리 확인해 앞으로의 작업을 예측할 수 있도록 합니다. 또한 출시 후 유지보수와 업데이트를 수행하는 게임(소셜 네트워크 게임 등)에서는 얼마나 자주, 어떤 방식의 업데이트를 할 예정인지도 확인해두어야 합니다. 이를 위해 초기 개발뿐만 아니라 출시 후 업데이트에 필요한 개발 규모를 예상하고 팀원 할당 계획을 세워둡니다.

2.1.4 프로젝트 스토리 예시

지금까지의 정보를 모아 '프로젝트 스토리'라는 이름으로 문서화합니다. 이렇게 내용을 모아두면 UI 디자인에 대한 의사 결정이 필요할 때 중요한 자료가 됩니다. 특히 UI 리더는 팀원과 의견을 조율하여 이 내용을 정해야 합니다.

UI는 이용자를 위해 존재합니다. UI가 실제로 사용되는 모습과 이를 사용하는 이용자의 모습을 확실하게 그려두면 거기에 디자이너의 창의성이나 독창성을 더해 높은 품질의 UI를 디자인할 수 있습니다.

[게임 타이틀]

플랫폼: ●●
대상: ●●
타깃: ●세~●세 남녀

본 프로젝트에서는 '짜릿한 쾌감'을 즐기고자 하는 남녀 중고생을 대상으로 한 팀 대전 슈팅게임을 개발합니다.

최신 기술인 '●● 사운드'를 사용해 기존의 슈팅 게임에 비해 압도적인 몰입감을 경험할 수 있습니다.

●개월마다 새로운 플레이어 캐릭터를 추가함으로써 전투에 새로운 요소를 더하고 슈팅에 서툰 이용자라도 즐겁게 플레이할 수 있는 사이클을 만듭니다.

프로젝트 스토리 자료는 최대한 간략하게 정리한 다음 언제든지 꺼내 볼 수 있도록 손 닿는 곳에 두는 것이 좋습니다. 분량은 A4 슬라이드 1장 정도면 충분합니다. 엘리베이터 피치(아주 짧은 시간 안에 발표하는 것)로 사용할 수 있을 정도로 간단하게 정리해두면 부서별로 공유하기도 쉬우므로 추천합니다.

C O L U M N

'UI'라는 용어

UI는 말 그대로 '사용자 인터페이스User Interface'를 줄인 것인데요, 저는 이 '유아이'라는 말을 매우 좋아합니다.

다소 말장난 같지만 예를 들어 'You & I'로 바꿔 쓰면 '당신과 나'라는 의미로, 이용자와 UI(개발자)의 관계성을 나타낼 수 있습니다. 또한 '友愛'[1]로 바꿔 쓰면 윤리 도덕의 하나인 사람과 사람 사이에 있는 애정이나 우정을 나타낼 수 있습니다. 물론 단순한 우연이라고 생각하지만 이처럼 애착이 가는 부분을 발견하고 자신의 일을 더욱 자랑스럽게 여길 수 있다는 것은 대단히 기쁜 일입니다.

---

1   옮긴이 일본어로 [유-아이]라고 발음합니다.

2.2 톤 앤 매너

지금부터는 UI의 비주얼 디자인에 발을 들여봅니다. **톤 앤 매너**tone & manner라는 용어를 들어본 적이 있나요? 광고 업계 등에서 사용하는 용어로, 제품의 전반적인 콘셉트와 분위기를 의미합니다.

어떤 제품을 떠올렸을 때 훅 향기가 끼치는 것 같은 외형적인 인상이 있을 것입니다. 그것이 바로 톤 앤 매너입니다. 이것을 프로젝트 초반에 결정해두면 UI 디자인의 방향을 잡고 상품 브랜딩이나 타사 제품과의 차별화에 도움이 됩니다.

톤 앤 매너를 프로젝트에 담아 다른 부서의 공감을 얻은 다음에는 UI 업무를 매우 쉽게 진행할 수 있습니다. 이 역시 UI 리더가 해야 할 중요한 일입니다. 창작의 고통이 있지만 즐겁게 디자인해봅시다!

2.2.1 톤 앤 매너 작성 방법

앞에서 작성한 프로젝트 스토리를 실현하는 것을 상상하며 다음 다섯 가지 항목을 설계합니다.

- 콘셉트 키워드
- 이미지 소스 수집
- 색상 계획
- 모티브
- UI 예시 이미지

이번 절에서는 '토이팝', '내추럴 걸리시', '일본식 사이버', '드래스틱 호러'라는 가상의 톤 앤 매너를 예로 들어 위 다섯 가지 항목에 관해 설명합니다.

2.2.2 콘셉트 키워드

콘셉트 키워드를 정할 때는 먼저 톤 앤 매너를 한마디로 표현할 수 있는 용어와 그 구성 요소를 단적으로 나타내는 텍스트를 정의합니다. 여기에는 기존 디자인 장르를 조합하거나 독창적인 신조어를 사용하기도 합니다. 타깃 이용자의 특성을 생각하면서 작품 세계관에 맞는 어휘를 선택하고 디자인 핵심 키워드로 설정합니다.

콘셉트 키워드 예시

| 토이팝

[토이] 장난감, 사소한 것 + [팝] 시류에 오르다, 터지다

- 어린이용으로 대중에게 친근한 디자인
- 화려한 배색으로 설렘을 유발하며 통통 튀고 날아오르는 애니메이션

| 내추럴 걸리시

[내추럴] 자연스러운, 꾸밈없는 + [걸리시] 소녀 같은

- 자연스러움을 추구하는 여성들이 좋아하는 디자인
- 소박하고 귀여운 배색으로 부드러운 인상을 주는 식물이나 레이스 등의 의상

| 일본식 사이버

[일본식] 和, 일본풍 + [사이버] 컴퓨터, 네트워크

- 상반되는 이미지를 조합한 독특한 디자인
- 해외 시장을 고려한 일본풍 디자인에 미래지향적인 인상을 주는 표현

| 드래스틱 호러

[드래스틱] 급격한, 무시무시한 + [호러] 공포, 전율

- 기존 호러 게임과는 차별화된 디자인
- 극단적인 색상 대비를 사용해 의외성과 배신감을 연출

2.2.3 이미지 수집

이어서 **예시 이미지**를 수집합니다. 앞서 작성한 키워드에 맞는 이미지를 수집한 후 OK 예시//NO 예시로 분류합니다. 본격적으로 디자인 작업을 시작하기 전에 시행착오를 줄이고 프로젝트 참여자들이 완성된 모습을 상상할 수 있는 자료가 되는 것이 이상적입니다.

여기서 의외로 중요한 것이 NO 예시입니다. 하나의 키워드를 보고 사람들이 연상하는 이미지는 제각각입니다. '이런 디자인을 생각하겠지만 이 프로젝트에서는 아니다'라는 사례를 미리 선별해둠으로써 실제 디자인을 진행할 때 다시 작업하게 되는 과정을 최대한 줄일 수 있습니다.

이미지 소스 예시

| 토이팝

활기차고 장난감 상자처럼 물건이 빽빽하게 담긴 이미지. 둥글둥글하고 부드러운 인상도 주고 싶다. 아기자기한 장식이 많거나 귀여운 이미지는 피하고 싶다.

OK 예시

NO 예시

| 내추럴 걸리시

나뭇잎이나 나뭇결 같은 자연물, 레이스나 마스킹 테이프를 사용해 멋스러운 이미지를 만들고 싶다. 게임이라기보다는 잡지를 읽는 듯한 분위기를 목표로 한다. 너무 화려한 느낌을 주지 않도록 주의한다.

OK 예시

NO 예시

| 일본식 사이버

게임에서는 보기 드문 세로쓰기 레이아웃을 사용한다. 회로 모양이나 빠른 속도감이 나타나는 블러 처리 등으로 사이버틱한 분위기를 연출한다. 모던한 인상을 주어야 하므로 너무 강한 색상이나 튀는 느낌의 일본풍 모티브는 사용하지 않는다.

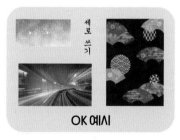
OK 예시

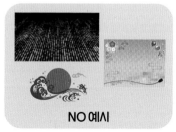
NO 예시

| 드래스틱 호러

이제까지의 호러 게임과는 다른 인상을 주고 싶다. 코믹한 분위기는 피한다. 피가 흐르거나 튀는 등의 표현은 플레이어의 나이 제한 등급이 올라갈 가능성이 있으므로 다룰 때 주의한다.

OK 예시

NO 예시

영감이 떠오르지 않는다!

오랜 시간 컴퓨터와 씨름하며 콘셉트 구성이나 디자인 작업에 집중하다 보면 점점 시야가 좁아지고 영감inspiration이 떠오르지 않기도 합니다. 저는 이런 상태에 빠지면 우선 책상에서 떨어져 '입력' 모드로 뇌를 전환합니다.

좋아하는 차를 마시며 눈 앞에 닥친 일과 상관없는 게임을 하거나, 잡지나 애니메이션을 보거나, 트렌드 뉴스를 찾아봅니다.

사람의 뇌는 '입력'과 '출력'을 반복하므로 어느 한 쪽에 치우쳐 사고가 정지되면 일부러라도 그 모드를 전환해보기 바랍니다. 돌파구가 열릴지도 모릅니다.

2.2.4 색상 계획

색상 계획 단계에서는 UI에서 사용하는 색을 구상합니다. 게임 장르에 따라 사용할 색의 수는 달라지지만 대체로 다음과 같은 항목의 색을 미리 정해두면 개발이 원활하게 진행됩니다.

종류	용도
베이스 색상	배경이나 밑바탕 등의 베이스에 사용하는 기본 색
키 색상	디자인을 강조할 때 사용하는 포인트 색
진행 색상	이용자가 게임을 진행할 때 지표가 되는 색. 이 색을 따라가면 게임이 진행되도록 설계하고 기본적으로 버튼에 사용한다.
중요 색상	돌이킬 수 없는 중요한 결정을 촉구할 때 사용하는 색. 주로 '삭제'나 '판매' 동작을 수행하는 조작에 사용한다.
과금 색상	유료 아이템 항목이나 관련 조작을 유도할 때 사용하는 색
긍정적 색상	게임에서 이겼을 때와 같이 이용자를 긍정적인 감정으로 유도할 때 사용하는 색. 이 색을 보면 기쁜 감정이 들도록 설계한다.
부정적 색상	게임에서 졌을 때와 같이 이용자에게 부정적인 상황을 알릴 때 사용하는 색
위험 색상	게임 오버 등과 직결되는, 게임에서의 위험을 알릴 때 사용하는 색
동료 색상	플레이어와 같은 편이나 동료를 나타내는 색
적 색상	플레이어의 적이나 라이벌을 나타내는 색

희소성 색상	아이템의 희귀한 정도를 표시하는 색
캐릭터 색상	캐릭터의 개성을 어필해야 하는 게임에서는 캐릭터마다 고유의 색을 설정하기도 한다.

색은 기획 단계에서 요청 등으로 인해 점점 늘어나기 쉬운 경향이 있습니다. 너무 많은 색을 사용하면 애써 정의해둔 특성이 흐려져 화면 전체가 어수선해지게 됩니다. 따라서 기획 초반에 팀원들과 함께 확실히 설계하고 색을 불필요하게 너무 많이 사용하지 않도록 계획을 잘 지켜야 합니다.

색상 계획 예시

| 토이팝

키 색상을 원색으로 하여 활기찬 배색으로 생동감을 나타낸다. 사용하는 색감이 많으므로 베이스 색상을 모노톤으로 하여 균형을 잡는다. 진행 색상은 다소 차분한 청록색 계열을 사용해 다른 배색과 차별화한다.

| 내추럴 걸리시

소박하고 귀여운 느낌을 전달하기 위해 베이스 색상과 키 색상에 자연물을 연상시키는 색상earth color을 사용하고, 진행 색상은 분홍색을 사용한다. 그 외 색상에도 강렬한 색상은 사용하지 않고 중간 색상을 메인으로 하여 부드러운 세계관을 표현한다.

| 일본식 사이버

모던한 느낌을 주기 위해 전체적으로 채도가 낮은 색을 사용한다. 베이스 색상과 진행 색상은 미래지향적인 파란색/회색 계열, 키 색상은 일본 전통 색을 사용해서 각각 융합한다.

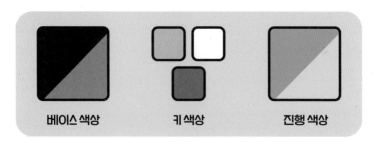

| 드래스틱 호러

색조와 채도가 다른 색을 적극적으로 채택하여 '미친 세계'의 느낌을 연출한다. 베이스 색상에는 빨강/녹색의 보색(색상환에서 반대되는 색)을 사용하고, 키 색상과 진행 색상은 채도가 높고 눈에 띄는 색을 사용해 주목을 끈다.

2.2.5 폰트

UI에서 폰트(서체)는 매우 중요합니다. 정보를 반복해서 읽거나 순간적으로 판단을 요구하는 장면에서도 사용되므로 가독성이 높고 세계관을 해치지 않는 폰트를 선택해야 합니다. 폰트에 관해서는 '4장 디자인'에서도 자세히 살펴봅니다. 톤 앤 매너를 결정하는 단계에서는 게임 타이틀에서 사용 빈도가 높은 **메인 폰트** 후보(제목이나 본문 등)를 어느 정도 결정해두고 실제 디자인을 진행할 때 **서브 폰트**까지 포함해서 결정하는 것을 권장합니다.

┃ 토이팝

생동감을 강조한 놀이용 폰트를 채택한다. 아이들을 대상으로 하므로 특히 가독성 높은 폰트를 사용하는 데

중점을 둔다.

- **제목** G2サンセリフ−U(G2산세리프−U) ※−10%의 기울기를 적용한다.
- **본문** G2サンセリフ−B(G2산세리프−B)
- **파라미터** G2サンセリフ−B

┃ 내추럴 걸리시

카페 메뉴판처럼 제목에는 손 글씨 느낌의 폰트로 멋스러우면서도 부드러운 인상을 준다. 본문까지 손 글씨

느낌으로 하면 가독성이 떨어질 우려가 있으므로 제목과 잘 어울리는 다른 폰트를 사용한다.

- **제목** Marydale Bold
- **본문** キアロ Std B(키아로 Std B)
- **파라미터** キアロ Std B

일본식 사이버

세계관 균형을 맞추기 위해 제목과 본문에는 일본어 느낌의 폰트, 파라미터 등의 숫자 종류에는 사이버틱한 폰트를 채택한다. 두 폰트가 조화를 이루도록 디자인 시 색이나 질감을 검토한다.

- **제목** 秀英四号太かな(슈에이욘고후토카나)
- **본문** 秀英四号太かな
- **파라미터** Armada Bold

드래스틱 호러

제목은 가독성을 아슬아슬하게 해치는 폰트를 사용해 '미친 세계'의 공포감을 불러일으키도록 연출한다. 본문은 디자인이 가미된 고딕체를 사용해 제목과 대비시킨다. 애니메이션으로 글자가 깨지거나 사라지는 느낌을 표현한다.

- **제목** Folk Rough OT Regular
- **본문** ロゴナ-R(로고나-R) ※ 수평 비율 90%로 조정
- **파라미터** ロゴナ-R ※ 수평 비율 80%로 조정

2.2.6 모티브

장식 등에 사용할 디자인을 **모티브**로 선택합니다. UI를 디자인할 때는 기능성은 물론 해당 게임의 세계관을 지키는 것도 중요합니다. 아이콘에 쓰일 마크나 배경 패턴 등을 세계관에 부합하는 UI 요소로 갖춤으로써 이용자가 게임 플레이에 몰입하도록 도와줍니다.

앞에서 설명한 이미지 소스를 잘 관찰하면 해당 디자인 장르에서 자주 사용되는 장식을 발견할 수 있습니다. 그러한 이미지들을 참고하여 세계관에 적합하면서도 반복해서 사용하기 쉬운 것을 선정합니다.

그리고 IP 타이틀(애니메이션, 만화, 특정 캐릭터 등 원작이 존재하는 게임 작품)인 경우에는 원작에 사용된 장식을 잘 관찰하고 어떻게 UI 디자인에 녹여낼지 검토합니다.

작품에 따라 개성을 살릴 수 있는 부분이지만 색상 계획과 마찬가지로 모티브도 남용하지 않도록 주의해야 합니다.

모티브 선택 포인트

선택된 디자인은 다음과 같은 부분을 중심으로 UI 전반에 걸쳐 사용됩니다.

- **메뉴 등의 아이콘**
- **배경 패턴**
- **프레임**
- **테두리 등의 선 종류**
- **목록의 글머리 기호(불릿)**

주의해야 할 표현

게임 개발에서는 설령 그것이 세계관을 만드는 데 필요하다 하더라도 사용에 주의해야 할 민감한 표현이 있습니다.

예를 들어 특정 사상이나 단체, 사회 통념상 꺼리는 심볼이나 사용 허가를 받아야 하는 기호 등을 사용했다가 생각지도 못한 문제로 발전하는 경우가 종종 있습니다. 특히 해외로 진출하는 타이틀인 경우에는 더욱 주의해야 합니다(자세한 내용은 '6장 레벨업'에서 설명합니다).

일단 모티브를 선정하고 나면 반드시 팀 내에서 면밀히 검토하고 법무 팀이나 품질 담당 부서 등에 확인받는 것이 좋습니다.

[민감한 표현의 예]
인종 차별, 종교의 존엄성 훼손, 정치적 문제 언급, 마약, 술, 담배, 아동포르노, 도박, 성적인 내용, 폭력, KS 규격 마크, 십자가, 적십자, 레드 크리스탈, 다윗의 별, 다윗의 붉은 방패, 붉은 초승달, 붉은 사자 태양, 나치 깃발, 욱일기, 벚꽃, 국화, 가시나무, 학, 개, 소, 돼지, 핵무기 등

이미지 소스 예시

| 토이팝

'누를 수 있을 것 같다', '당길 수 있을 것 같다'와 같이 직관적으로 이해할 수 있도록 디자인 분야에서 적용하는 어포던스affordance[2]를 고려한 모티브를 사용한다. 만화적으로 표현하는 하프톤 패턴이나 집중선도 넣는다.

블록   하프톤   집중선

---

2 사용자가 인지할 수 있는 행동 가능성

| 내추럴 걸리시

레이스나 리본 등 귀여운 모티브를 메인으로 하여 따뜻한 느낌을 주는 '핸드 메이드' 장식을 넣는다. 사진을
사용한 아날로그 소재도 활용할 예정이다.

| 레이스 | 점선 | 리본 |

| 일본식 사이버

'메이드 인 재팬'을 매력 있게 전달하기 위해 일본풍과 사이버틱한 느낌을 7:3 정도의 비율로 검토한다. 일본
풍 무늬의 패턴을 메인으로 사용하면서 마름모와 정육각형을 융합할 수 있는 장식을 검토한다.

| 마름모 | 정육각형 별집 모양 & 회로 | 일본풍 무늬 |

| 드래스틱 호러

피가 튀거나 경고장처럼 실감나는 공포를 느낄 수 있는 모티브와 깨진 그래픽을 표현하는 글리치glitch 등을
사용해 기존 호러 게임과는 다른 느낌을 준다. 피의 표현 정도는 주의가 필요하므로 양이나 색상을 적절하게
조절한다.

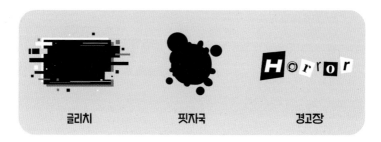

| 글리치 | 핏자국 | 경고장 |

2.2.7 UI 예시 이미지

이제 지금까지 작업한 것을 모아 실제 **UI 화면 예시 이미지**를 디자인해봅니다. 하지만 실제 제작용 디자인은 아니고 어디까지나 현 시점에서 톤 앤 매너가 프로젝트 콘셉트에 잘 맞는지를 확인하기 위한 자료로 사용합니다. 예시이므로 화면 사양은 확정하지 않아도 됩니다. 이후 추가 사항을 고려해 원래라면 표시하지 않는 요소 등을 포함하는 것도 좋습니다. 주로 다음과 같은 UI 화면 예시를 만들어두면 앞으로 진행할 UI의 규칙을 정하거나 이후 다양한 화면을 만들 때 도움이 됩니다.

게임 메인 흐름 예시

메인 흐름main flow이란 게임에서 플레이어가 가장 오랜 시간 조작하는 메인 화면을 가리킵니다. 게임 장르에 따라 다르기는 하지만 '3D 모델'이나 '캐릭터 그래픽'이 중심이며 UI는 이를 보조하는 형태로 구성하는 경우가 많습니다. 모델이나 아트워크 팀과 연계하면서 진행합니다.

게임 장르	많이 사용하는 요소	화면 구성 이미지
어드벤처	• 말하는 캐릭터 • 메시지창 • 선택지 • 현재 상태	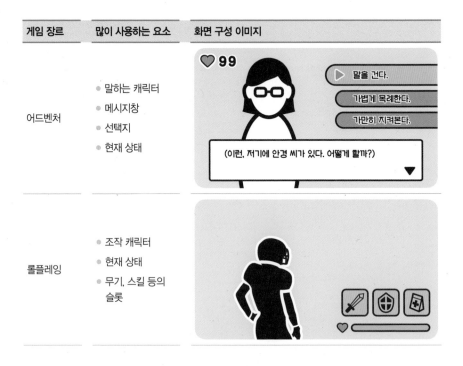
롤플레잉	• 조작 캐릭터 • 현재 상태 • 무기, 스킬 등의 슬롯	

게임 장르	많이 사용하는 요소	화면 구성 이미지
1인칭 슈팅	<ul><li>조준</li><li>무기 슬롯</li><li>총알 수</li><li>현재 상태</li><li>미니 맵</li></ul>	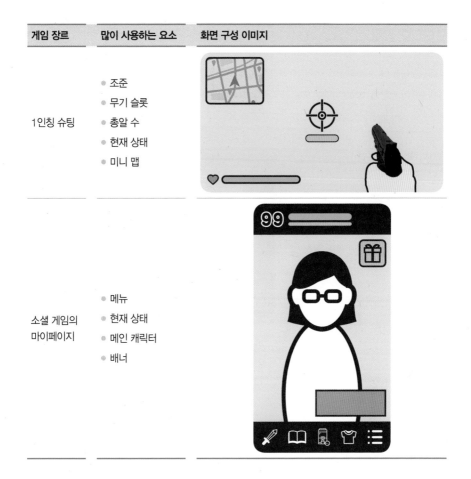
소셜 게임의 마이페이지	<ul><li>메뉴</li><li>현재 상태</li><li>메인 캐릭터</li><li>배너</li></ul>	

여기서 언급된 요소들은 화면을 구성하는 데 큰 비중을 차지합니다. 그러나 게임 장르에 따라 3D 캐릭터가 화면 대부분을 차지하는 등 UI가 상대적으로 적게 표현되는 게임도 있습니다. 이런 경우에는 UI의 톤 앤 매너를 확인할 수 없습니다. 이어서 UI가 중심이 되는 흐름의 예시를 소개합니다.

UI가 중심이 되는 흐름 예시

화면 대부분을 UI 텍스트 요소와 기능이 차지하는 경우입니다. 그리 특별하지는 않지만 플레이어가 수없이 마주하기 때문에 사용성이 중시되는 경우가 많습니다. UI가 주인공이 되는 화면이므로 제목/본문의 구성이나 선택 동작 등의 사용감을 상상하면서 디자인해봅니다.

게임 화면	많이 사용하는 요소	화면 구성 이미지
설정 화면	● 설정 메뉴 ● 설정 세부 항목 리스트	
아이템 화면	● 아이템 리스트 ● 섬네일 ● 아이템 상세	
캐릭터 선택 화면	● 캐릭터 리스트 ● 섬네일이나 캐릭터 모델 ● 현재 상태	

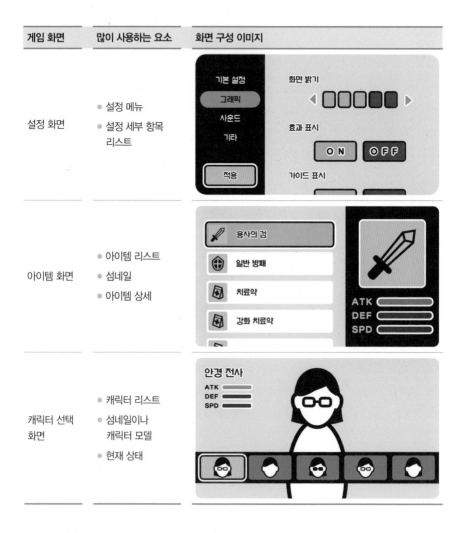

UI 예시 이미지 제작 순서

저는 UI 예시 이미지를 제작할 때 주로 다음과 같은 순서로 진행합니다.

1. 손 스케치
2. 텍스트 배치
3. 요소 삽입
4. 러프 디자인
5. 마무리

먼저 요소의 레이아웃이나 디자인 이미지를 대략적으로 스케치합니다. 종이와 펜 등을 사용해 빠른 속도로 많은 개수를 그리는 것에 집중합니다. 이어서, 선정한 폰트를 사용해 텍스트 요소를 배치합니다. 텍스트 요소는 눈에 띄는 것이 중요하기 때문에 가장 먼저 배치하면 글자가 작아 읽을 수 없게 되는 사태를 피할 수 있습니다. 그리고 캐릭터 이미지 등 나머지 소재를 배치합니다. 이는 필요에 따라 게임 아트워크나 3D 모델 담당 부서에 의뢰해 준비하는 경우가 많습니다.

여기까지 진행하면 UI 예시 이미지에서 빼놓을 수 없는 요소들이 완성됩니다. 그 다음으로 러프하게 디자인을 해봅니다. 대략적인 직사각형으로 창이나 아이콘 등을 배치하면서 디자인을 마무리합니다.

❶ 손 스케치

❷ 텍스트 배치

❸ 요소 삽입

❹ 러프 디자인

| 토이팝

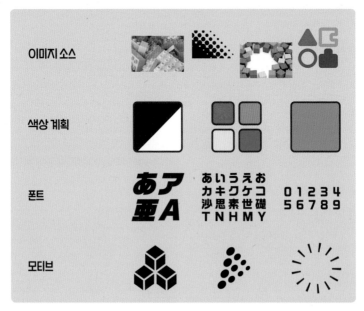

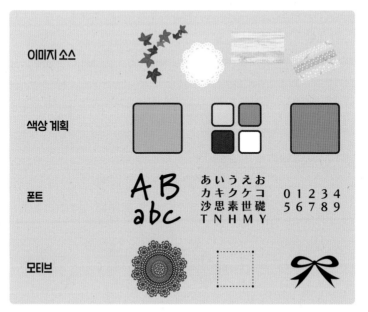

이미지 소스

색상 계획

폰트

모티브

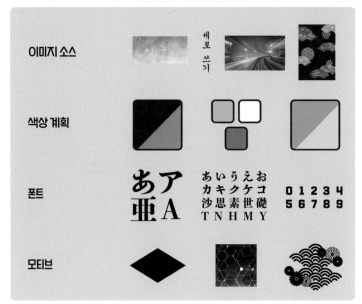

| 이미지 소스 |
| 색상 계획 |
| 폰트 |
| 모티브 |

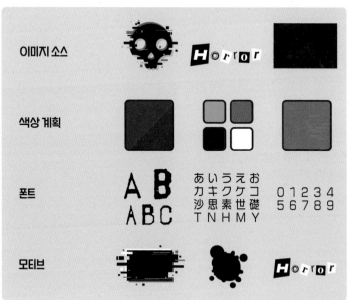

2.2.8 톤 앤 매너 발표

지금까지 설계한 '콘셉트 키워드, 색상 계획, 폰트, 모티브, UI 예시 이미지'를 모두 모아 문서로 정리하면 톤 앤 매너가 완성됩니다. 수고하셨습니다!

완성한 톤 앤 매너를 팀 전체에 **발표**합시다. 지금까지의 내용을 슬라이드에 모으고 각 요소의 의도를 UI 팀장이 설명합니다. 질의응답을 통해서 모두가 동의하는 콘셉트 키워드까지 정하면 완벽합니다.

C·O·L·U·M·N

발표 기술을 익히자!

톤 앤 매너를 결정할 때뿐만 아니더라도 UI 리더는 평소 발표 기술을 익혀두면 업무를 진행하는 데 많은 도움이 됩니다. 발표는 다음과 같은 능력을 기르기에 좋습니다.

- 전달하고자 하는 내용을 정리해서 자료로 모으는 능력
- 상대의 관심을 이끌어내는 능력
- 유연한 대응 능력

각 부서 이해관계자에게 디자인 의도를 설명하거나 팀원들과 디자인 개선에 관해 논의할 경우가 많으므로 반드시 적극적으로 발표하는 기회를 만들어 평소에 연습해두는 것이 좋습니다.

다음은 제가 톤 앤 매너에 관해 발표할 때 사용하는 자료 구성 예시입니다. 이를 참고하여 여러분의 프로젝트에 맞게 적절히 활용하기 바랍니다.

2.3 UI 규칙

톤 앤 매너를 정했다면 이번에는 조금 더 구체적인 **UI 규칙**(UI 디자인 사양)을 결정합니다.

UI 규칙을 확실하게 정한 뒤 UI 파트 안에서 공유하면 화면마다 디자인이 각각 달라지는 상황을 방지할 수 있습니다. 또한 UI 규칙은 기획자, 엔지니어와 같은 다른 부서와 연계된 부분도 많으므로 서로 충분히 논의하면서 정하도록 합니다.

개발 도중 수정이 빈번하게 발생하기 때문에 버전을 잘 관리하면서 업데이트하기 바랍니다.

'게임 타이틀' UI 규칙

◆ 버전 관리
　　구현 파일: Perforce
　　문서: Confluence

◆ 디자인 관련
　　색상 코드
　　　　메인 색상: #000000 & #FFFFFF
　　　　키 색상: ##FF6699

　　심볼
　　　　공유 CC 라이브러리에서 관리

　　레이어 스타일
　　　　공유 CC 라이브러리에서 관리

◆ 도구 관련
　　환경 구축
　　　　다음 파일을 설치할 것
　　　　　　\Projects\GameTitle\Tools

　　　　　　……etc

2.3.1 규칙 관리

먼저 UI 규칙 관리 방법을 확인합니다. 프로젝트 전체에서 사용하는 버전 관리 도구나 콘텐츠 관리 시스템(Wiki 등)이 있다면 그 안에 UI용 폴더를 마련하는 것이 좋습니다.

참고로 제가 과거 프로젝트에서 사용한 도구들은 다음과 같습니다.

이름	특징
Confluence	웹 기반의 비즈니스용 Wiki 시스템. 워드프로세서와 같은 느낌으로 미리보기와 동시에 문서를 작성할 수 있으며 버전 관리도 가능하다. 여러 사람이 실시간으로 동시에 편집할 수 있는 기능이 편리하다.
Redmine	웹 기반의 프로젝트 관리 시스템. Wiki 기능이 제공되며 버전 관리도 가능하다. 오픈 소스여서 무료로 사용할 수 있으며 플러그인도 다양하게 제공된다.
Subversion	오픈 소스 버전 관리 시스템. SVN이라 부르기도 한다. 게임 개발 데이터셋과 함께 기획서 등의 문서류도 관리한다.
Git	프로그램 소스 코드 등의 업데이트 이력을 기록하는 데 적합한 오픈 소스 버전 관리 시스템. 디자이너가 사용하려면 어느 정도 적응 기간이 필요하다.
Perforce	대규모 개발에 적합한 유료 버전 관리 시스템. 언리얼 엔진 등과 연계가 가능해 최근에는 게임 개발에서 많이 사용한다.
NAS	네트워크에 설치하는 하드디스크로, 여러 구성원이 자유롭게 읽고 쓸 수 있다. 일반적인 버전 관리 기능이 없기 때문에 문서 관리에는 그다지 권장하지 않는다.

위의 도구들은 어디까지나 예시일 뿐입니다. 기획자나 엔지니어와 논의하여 쉽게 파일을 관리할 수 있는 방법을 선택하기 바랍니다.

2.3.2 색상 코드

톤 앤 매너를 결정할 때 색상 계획에서 결정한 색상은 정식 **색상 코드**(색상 파라미터를 일정한 형식으로 표현한 것. 디자인 도구에서는 #ffffff와 같이 표기)로 정리해둡니다.

디자인에 어도비Adobe 제품을 사용하는 경우에는 CC 라이브러리Creative Cloud Libraries를 활용하면 포토샵이나 일러스트레이터 등 다른 애플리케이션에서 불러와 재사용할 수 있습니다. 또한 '클라우드 공유' 기능을 통해 구성원들 간에 공유할 수 있어 편리합니다.

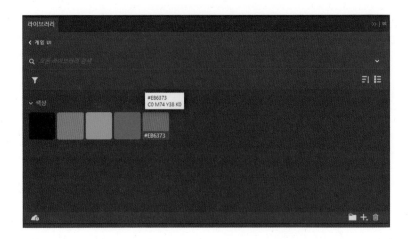

2.3.3 심볼과 스타일

톤 앤 매너 결정 시 모티브로 정한 **심볼**이나 **레이어 스타일**도 모아둡니다. 심볼은 패스(경로)
나 셰이프 등을 재편집할 수 있는 상태로 준비해두면 이후 쉽게 가공하거나 다시 사용할
수 있습니다. 이것도 앞에서 설명한 CC 라이브러리를 통해 공유 가능합니다.

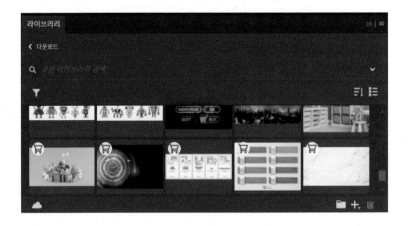

2.3.4 폰트

톤 앤 매너를 결정할 때는 다음 항목을 규칙으로 만들어둡니다.

- 폰트 파일 관리, 사용 방법, 이용 약관
- 사용하는 서체 및 가중치
- 디바이스(해상도)별 최소 크기와 최대 크기

폰트 관리에 관하여

UI 디자이너는 다양한 종류의 폰트를 다룹니다. 그러나 항상 많은 폰트를 설치해두면 컴퓨터 환경에 따라 동작이 느려지기도 합니다. 이럴 때는 **폰트 유틸리티 도구**를 활용하는 것을 권장합니다.

폰트 유틸리티 도구는 폰트를 종류별로 관리하고 원하는 폰트를 미리 보거나 사용하고 싶을 때만 일시적으로 설치하는 등의 편리한 기능을 제공합니다. 저는 'nexusfont(넥서스폰트)'라는 소프트웨어를 사용하고 있습니다.

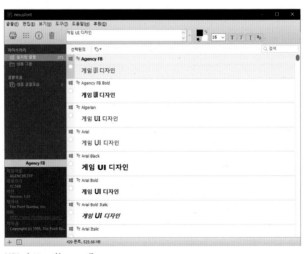

URL https://www.xiles.app

2.3.5 텍스트 규칙

UI로 표시할 텍스트 규칙을 정의합니다. 이 규칙은 기획자와 논의하면서 진행하기 바랍니다. 예를 들어 다음과 같은 항목을 확인합니다.

- 어미를 어간에서 끊을 것인가?
- 시스템 관점에서 제시하는 텍스트의 문체는 어떻게 할 것인가?
- 이용자 관점에서 제시하는 텍스트의 문체는 어떻게 할 것인가?
- 구두점을 사용하는가?
- 날짜나 시간은 어떻게 표기하는가?

또한 서로 다르게 표기하기 쉬운 키워드에는 다음과 같이 용어집을 만들어서 관리하는 것을 권장합니다.

- 한글을 우선으로 할 것인가, 영어를 우선으로 할 것인가?
- 기호는 어떻게 쓸 것인가?

'구두점이나 닫는 괄호를 행의 맨 앞에 위치시키지 않는다'와 같이 문장부호 처리를 프로그램을 통해 자동으로 수행하는 경우에는 엔지니어의 협력이 필요하기도 합니다. 동적으로 치환하는 텍스트가 포함되는 경우 문장 길이가 바뀌어 기획자나 디자이너가 글자 수를 조절하기 어렵기 때문입니다. 문장부호를 규칙에 맞게 자동으로 처리해야 할 때는 해당 기능의 구현 가능 여부를 엔지니어와 사전에 확인하기 바랍니다.

프로젝트 주제에 따른 전문 용어집을 마련해 표기 차이가 발생하지 않도록 대책을 세웁니다. 용어집이 있다면 디버그 과정에서 제3자를 통해 확인할 수도 있으므로 화면마다 제각각 다르게 표기되는 문제를 피할 수 있습니다.

텍스트 규칙 예시

다음은 제가 과거 프로젝트에서 사용했던 텍스트 규칙의 예시입니다. 이것을 참조해 여러분의 프로젝트에 맞는 규칙으로 적용하기 바랍니다.

단, IP 타이틀인 경우에는 원작의 세계관을 손상시키지 않도록 주의해야 합니다. IP에 따라서는 원작자나 판권 소유자의 감수 확인이 필요한 경우도 있으므로 담당 디렉터나 기획자와 논의하며 텍스트 규칙을 정하기 바랍니다.

규칙	OK 예시	NO 예시
기본적인 UI 텍스트는 어간까지만 사용한다.	결정 취소 확인	결정한다 취소한다 확인한다
시스템 관점에서는 존댓말을 사용한다.	입력해주십시오 기다려주십시오	입력하라! 기다려~
이용자 관점에서는 명사를 사용한다. (존댓말이나 대화체는 사용하지 않는다.)	결정 취소	네 아니오 OK! 역시 안 할래
구두점은 사용하지 않는다.	~합니다 기다려주십시오	~합니다. 기다려주십시오.
날짜와 시간은 yyyy/MM/dd HH:mm 형식으로 표기한다.	2000/01/01 23:59	2000년 1월 1일 23시 59분
문장부호 처리는 통일한다.	※행 앞에 구두점을 사용하지 않는다 등	–

2.3.6 범용 UI 컴포넌트 디자인

지금까지 정리한 톤 앤 매너와 UI 규칙을 기반으로 범용적으로 사용하는 UI 컴포넌트를 공통 디자인으로 가장 먼저 작업해두면 편리합니다. 이렇게 만든 UI 컴포넌트는 다음 과정인 프로토타이핑에서 활용합니다. 주로 사용하는 컴포넌트는 다음과 같습니다.

컴포넌트명	예시 이미지
프레임	

컴포넌트명	예시 이미지
대화창	
버튼	
탭	
스크롤 바	
드롭다운	

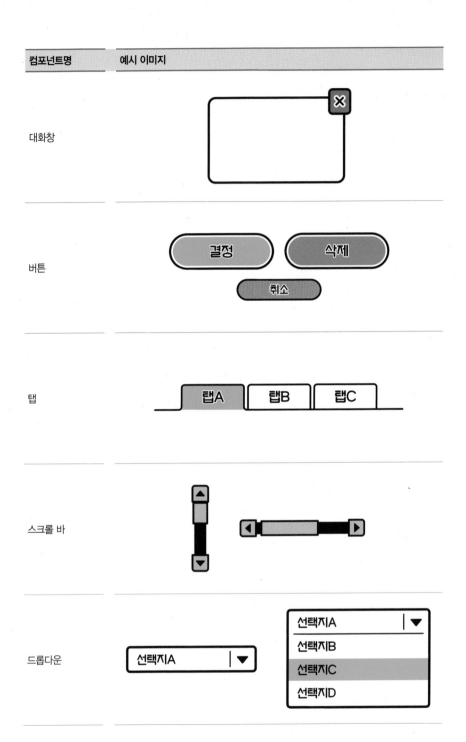

컴포넌트명	예시 이미지

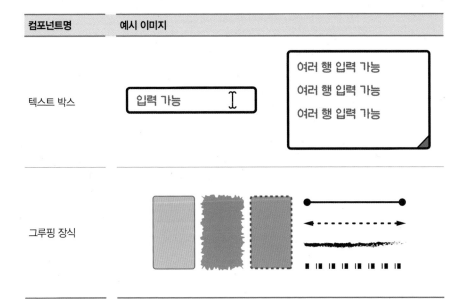

텍스트 박스	
그루핑 장식	

지금까지의 문서와 디자인 파일을 모아 **UI 규칙**으로 정리해 팀원에게 공유합니다. 현시점에는 어디까지나 콘셉트일 뿐이므로 이후에 무수한 수정 작업이 필요하겠지만 이를 개발 초기 단계에 준비해두면 디자인은 매우 쉽게 진행됩니다. 프로젝트 시작 단계에서 시간적으로 여유가 있을 때 미리 공유해둡시다.

2장
콘셉트 정리

프로젝트 스토리를 명확하게!

누구를 위해, 어떤 목적으로 게임을 만드는가? 이는 UI 디자인에서 매우 중요한 정보입니다. 프로듀서나 디렉터와 소통하며 프로젝트가 그리는 스토리를 파악하는 것에서 시작합시다.

톤 앤 매너로 이 게임만의 개성을 살리자!

톤 앤 매너는 게임 전체의 분위기를 좌우하는 요소입니다. 한눈에 봐도 '그 게임이다!'라고 알만한 매력적인 콘셉트를 만들 수 있다면 다음 과정은 쉽게 진행될 것입니다. 차분히 시간을 들여 만들어보기 바랍니다. 완성한 톤 앤 매너는 팀 전체에 공유하고 다른 부서에도 공유합시다.

UI 규칙은 팀의 길잡이!

UI 디자인은 팀 플레이입니다. 규칙을 정하고 공유하면 일관성을 가진 UI를 만들 수 있습니다. 개발을 진행함에 따라 규칙은 유연하게 수정해도 좋습니다. 단, 수정이 있으면 연관 부서에 반드시 업데이트한 부분을 공유해야 합니다.

뛰어난 게임 뒤에는
뛰어난 콘셉트가 있다!

프로토타이핑

전체적인 게임 실행 느낌을 살려보기 위해 UI 프로토타입을 만듭니다.
여기서 중요한 것은 '일단 많이 해보는 것'입니다.
기획자와 함께 시행착오를 반복해보세요!

3.1 프로토타이핑 시작하기

게임 UI에서 **프로토타이핑은 매우 중요한 과정**입니다. 솔직히 말해서 80%는 프로토타이핑으로 완성된다고 해도 과언이 아닙니다.

프로토타이핑이란 프로그램을 사용해서 간단하게 게임의 흐름과 기능을 초기 단계에서 확인할 수 있는 상태로 만드는 것입니다. UI는 실제로 사용해보기 전에는 조작했을 때 느낌을 상상하기 어렵고 기능은 물론 디자인 측면에서도 손이 많이 가는 영역입니다.

따라서 바로 화면 디자인을 시작하기보다는 필요한 모든 화면과 기능을 먼저 파악하거나 전체 흐름을 감지하고 프로토타이핑을 통해 최종 게임 흐름의 이미지를 팀 전체에 통일해두는 것이 좋습니다. 이렇게 하면 이후 디자인에서 구현 과정까지 손이 덜 가고 품질을 높이는 데 집중할 수 있습니다. 프로토타이핑에는 특히 기획자의 협력이 반드시 필요합니다. 시행착오를 반복하면서 더욱 쉽게 사용할 수 있는 UI를 만들어보세요!

3.1.1 도구 선택

먼저 프로토타이핑을 진행할 도구를 정합니다. 전용 프로그램을 사용해도 좋고 익숙한 기존 프로그램이나 실제 개발을 진행하는 게임 엔진에서 진행해도 상관없습니다. 중요한 것은 '이렇게 하고 싶다고 생각한 것을 즉시 만들어서 검토할 수 있는가?'라는 점입니다.

UI 프로토타이핑 도구는 크게 두 가지 종류가 있습니다.

- 트랜지션 타입
- 인터랙션 타입

트랜지션 타입은 대략적인 조작 흐름이나 화면 전환을 확인하는 데 특화된 도구입니다. 어도비 XD나 Prott 같은 제품이 이에 해당합니다. 인터랙션 타입은 애니메이션 등을 포함한 세부적인 연출을 확인하는 데 특화된 도구입니다. 오리가미 스튜디오Origami Studio나 UXPin 같은 제품이 이에 해당합니다. 최근에는 두 타입의 장점을 모은 복합형 도구도 있으며, 프로젝트 특성에 맞춰 선택하면 좋을 것입니다.

도구를 고를 때는 시행착오를 빠르게 반복할 수 있는지도 중요한 포인트입니다. 특히 스마트폰용 게임 등은 권장 환경 단말기에서 '터치 조작을 쉽게 할 수 있는 레이아웃인가?'와 같은 점을 확인해야 합니다. 이런 프로젝트는 'PC의 프로토타이핑 도구에서 수정 → 스마트폰에서 실시간으로 확인'하는 작업이 가능한 도구를 선택하는 것을 권장합니다.

어도비 XD 추천

저는 프로토타이핑에 어도비 XD를 자주 사용합니다. 어도비 사에서 XD에 대한 강연을 할 정도로 애용합니다. 장점은 다음과 같습니다.

- 어도비의 다른 도구와 쉽게 연동할 수 있다.
- 동작이 경쾌하다.
- 직관적으로 사용할 수 있고 조작감이 좋다.
- 디자이너가 아니어도 쉽게 익힐 수 있다.
- 스마트폰에서 곧바로 시뮬레이션할 수 있다.
- 여러 사람이 실시간으로 동시에 편집할 수 있다.
- 자주 업데이트되며 새로운 기능이나 오류 수정에 즉시 대응한다.

어도비 크리에이티브 클라우드Adobe Creative Cloud의 컴플리트 플랜complete plan에 가입하면 추가 요금 없이 사용할 수 있습니다(2023년 9월 기준). 포토샵 등을 사용하고 있고 어떤 프로토타이핑 도구를 사용할지 고민하고 있다면 꼭 사용해보기 바랍니다.

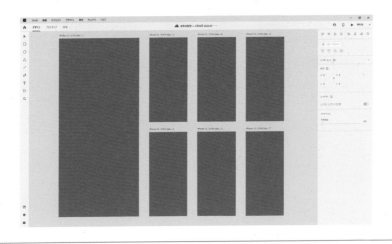

기획 요구사항 파악

게임 기획이라고 하면 '기획 파트의 일이잖아요?'라고만 생각하고 있지는 않습니까? 프로토타이핑을 할 때는 기획 의도를 이해하고 요구사항을 정확히 파악하기 위해 반드시 UI 파트도 기획에 참여해야 합니다. 이 부분을 간과하면 나중에 UI를 재작업하는 뼈아픈 일이 발생할 가능성이 높습니다. 기획 포인트는 크게 세 가지를 들 수 있습니다.

- 목적
- 기능 정의
- 표시할 요소

위 항목들에 관해 순서대로 살펴봅니다.

3.2.1 목적

먼저 가장 중요한 것은 그 **기획의 목적**입니다. 게임 화면이나 게임 흐름, UI를 통해 달성하고 싶은 것, 고객에게 제공하고 싶은 것이 무엇인가를 생각해 말로 나타내봅니다.

단순히 기능을 제공하고 싶은지, 게임 실행 시 쾌적함을 향상하고 싶은지 혹은 감정의 동요를 일으키고 싶은지 등 기획에는 다양한 목적이 존재합니다. 이를 제대로 이해하지 못하면 UI 디자인을 할 때 잘못 접근하게 됩니다. 예를 들어 이벤트 장면에서 이용자를 세계관이나 시나리오에 몰입시키는 것이 목적임에도 불구하고 이를 방해하는 임팩트가 있는 텔롭[1] UI를 표시하는 등의 미스 매치가 발생합니다.

이를 방지하기 위해서라도 기획 구성원들과 목적과 의도를 충분히 논의하고 그에 따른 접근 방식을 제안할 수 있도록 노력해야 합니다.

---

1 옮긴이 TELOP(Television Opaque Projector). 텔레비전 방영 중에 투사·삽입하는 글자나 사진. 원래는 상표명이었다(TELevision OPtical Slide Projector).

3.2.2 기능 정의

기획 목적을 확인했다면 다음으로 **그 목적을 달성하기 위한 기능이 과하거나 부족함 없이 정의되어 있는가**를 확인합니다. 예를 들어 소지 아이템 화면의 목적이 소유하고 있는 아이템을 사용하는 것이라면 다음과 같은 기능을 정의해야 합니다.

- 소지 아이템을 목록으로 표시하는 기능
- 사용할 아이템을 선택하는 기능
- 정말로 사용할지 확인하는 기능
- 사용한 결과를 표시하는 기능

이렇게 기능을 파악할 수 있다면 그에 필요한 UI도 자연스럽게 떠오릅니다. 소지 아이템을 목록으로 표시한다면 아이템 목록 화면이, 정말로 아이템을 사용할지 확인한다면 확인을 묻는 대화창이 필요합니다. 추가로 원하는 기능도 떠오를 것입니다. 예를 들어 아이템별 잔여 수량을 확인하는 기능이나 아이템을 정렬하는 기능이 있다면 더 쉽게 사용할 수 있지 않을까요? 자신이 이용자의 입장이 되어 기능 목록을 살펴보고 플레이하고 있는 상태를 상상해봅니다.

기능은 나중에 추가, 삭제를 반복하면 그와 연계된 UI에도 영향을 미치기 때문에 디자인이 어긋날 우려가 있습니다. 목적을 과하거나 부족하지 않게 충족시키기 위한 기능이 무엇인지 꼼꼼하게 검토하고 기획자, 디자이너, 엔지니어가 모두 한 뜻을 모으는 것이 중요합니다.

3.2.3 표시할 요소

목적과 기능을 정리했다면 UI에 표시할 요소를 정합니다. 각각의 개수나 정보의 우선순위에 대해서도 기획자와 조율합니다. 예를 들어 다음과 같이 현재 상태를 나타내는 UI 구성 요소를 살펴보겠습니다.

- 캐릭터 이미지
- 캐릭터 이름
- 캐릭터 레벨
- 최대/현재 체력
- 최대/현재 스킬 포인트

이렇게 먼저 **텍스트 기반으로 간단하게 요소를 적어보는 것을 권장**합니다. 처음부터 디자인 요소를 생각하면 단계가 뒤죽박죽되어 엉뚱한 방향으로 흘러갈 가능성이 있습니다.

요소를 다 적었다면 이제 각 요소의 수치를 확인합니다. 예를 들어 캐릭터 이름이 최대 몇 글자인지, 체력의 최솟값과 최댓값은 몇인지, 체력 단위는 정수인지 소수인지, 레벨은 최대 자릿수에 맞춰서 0으로 표시할 것인지 생략할 것인지 등을 확인합니다. 디자인을 진행할 때 고려해야 할 점이 보일 것입니다.

또한 UI 요소의 우선순위도 조율해야 합니다. 이 UI 안에서 가장 우선순위가 높은 요소부터 낮은 요소를 순서대로 배열합니다. 요소에 따라 병렬로 다루어야 할 때는 같은 순위로 정렬해둡니다.

3.2.4 기획 요구사항 문서 예시

지금까지 정리한 기획 요구사항을 문서로 정리합니다. 정식 문서는 기획 파트에서 작성할 것이므로 UI 담당 파트는 프로토타이핑에 필요한 항목을 메모해두는 정도면 됩니다.

몇 가지 예시를 보여드리겠습니다. 이해하기 쉽도록 레이아웃 이미지도 함께 실었습니다. 지면 관계상 내용을 간략하게 정리한 것이므로 실제 요구사항에 맞춰 조정하기 바랍니다. 레이아웃은 이번 장 '3.4 레이아웃'에서 작성해볼 것입니다.

예시 ① 캐릭터 선택 화면

| 목적

- 전투에서 사용할 캐릭터를 선택하게 한다.
- 이제부터 전투에 임할 플레이어의 기대감을 상승시킨다.

| 기능

- 사용 가능한 캐릭터를 목록으로 나타내는 기능
- 선택 중인 캐릭터의 상태를 표시하는 기능
- 캐릭터를 선택할 수 있는 기능
- 선택한 캐릭터가 맞는지 확인하는 기능

요소

정보 우선 순위에 따라 기재

- 선택 중인 캐릭터의 이미지
- 선택 중인 캐릭터의 상태
- 선택 후보 캐릭터(8종 고정)
- 선택 중인 캐릭터명(최소 2글자~최대 5글자)
- 선택 중인 캐릭터의 공격력(최대 3자리, 빈자리 0으로 채우기)
- 선택 중인 캐릭터의 방어력(최대 3자리, 빈자리 0으로 채우기)
- 선택 중인 캐릭터의 스킬명(최소 3글자~최대 5글자)
- 화면 타이틀(10글자 고정)

비고

- 캐릭터 결정 시 확인용 대화창을 표시한다.
- 헷갈리지 않고 직관적으로 선택할 수 있게 하고 싶다.
- 캐릭터 상태를 비교해서 선택할 수 있게 하고 싶다.

| 목적

- "내일도 해야지!"라는 기분이 들게 한다.

| 기능

- 당일 보상 아이템을 표시 · 지급하는 기능
- 내일 보상 아이템을 표시하는 기능
- 애니메이션 재생을 건너뛰는 기능

| 요소

정보 우선 순위에 따라 기재

- 당일 보상 아이템 화면
- 당일 보상 아이템명(최소 3글자~최대 12글자)
- 내일 보상 아이템 화면
- 애니메이션 재생

| 비고

- 게임을 빨리 시작하려는 이용자를 위해 애니메이션 재생 부분은 건너뛰고 즉시 보상 아이템을 확인할
  수 있게 하고 싶다.

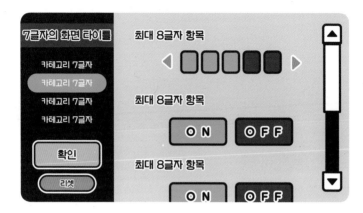

목적

- 이용자의 기호에 따라 쾌적한 플레이 환경을 지원한다.

기능

- 설정을 변경하는 카테고리를 선택하는 기능(항목이 많은 경우 필요)
- 컨트롤러의 키 배열을 변경하는 기능
- 그래픽 표시 설정을 변경하는 기능
- 사운드 설정을 변경하는 기능
- 기본 설정으로 리셋하는 기능
- 변경한 내용이 반영되는지 확인하는 기능

요소

정보의 우선순위에 따라 기재

- 설정 중인 항목(최소 4글자~최대 8글자)
- 설정 가능한 항목(최소 4글자~최대 8글자)
- 설정 중인 카테고리명(최소 4글자~최대 7글자)
- 선택 가능한 카테고리명(최소 4글자~최대 7글자)
- 설정 버튼(2글자 고정)

- 리셋 버튼(2글자 고정)
- 화면 타이틀(7글자 고정)

| 비고

- 설정 항목은 이후 늘어날 가능성 있음

 CHECK!

본질적인 '목적'이란?

목적을 생각할 때는 수단과 목적이 바뀌지 않도록 주의해야 합니다.

예를 들어 '일일 로그인 보너스'는 내일도 게임을 하고 싶다는 기분을 느끼게 하는 것, 다시 말해 활성 사용자active user의 이탈을 방지하는 것이 본질적인 목적에 해당합니다. 기능만 보면 보상 아이템을 지급하는 것뿐이지만 목적은 '아이템 지급'이 아닙니다.

본질적인 목적을 잘못 생각하면 UI 디자인의 난이도가 높아지고 본래 목적과 다른 UI를 설계할 수도 있습니다. 반드시 기획자와 잘 상의하여 본래 목적을 잃지 않도록 주의하면서 진행합니다.

3.3 | 게임 흐름

기획 요구사항을 파악했다면 다음으로 게임 흐름을 확인합니다. 각 흐름을 실제로 연결해보고 전체 그림을 시각화합니다. UI는 게임 전체에 걸쳐 일관된 흐름이 있어야 합니다. 다른 화면으로 이동했을 때 이전까지의 흐름을 무시한 디자인이면 이용자도 당황하게 됩니다. 또한 화면 단위로 디자인하다 보면 개발 후반부에 누락된 UI가 생기는 등의 문제가 발생할 수도 있습니다. 먼저 전체 화면 수와 이동 포인트를 파악하고 게임 전체 사이클을 모든 팀에서 명확하게 확인하고 넘어가야 합니다.

진행 순서는 다음과 같습니다.

1. 대략적인 메인 화면을 도출한다.
2. 화면과 화면의 이동을 프로토타이핑 도구 등으로 연결한다.
3. 메인 흐름과 연결되면 위화감이 없는지 확인한다.
4. 파생되는 서브 화면을 도출한다.
5. 메인 화면과 서브 화면을 연결한다.
6. 각 흐름 간 이동에 위화감이 없는지 확인한다.

이 단계에서는 어디까지나 게임 사이클을 확인하는 것이 목적이므로 세세한 대화창 등은 나중에 진행해도 좋습니다. 또한 화면별 레이아웃에 너무 많은 시간을 할애하지 않도록 합니다(이후에 천천히 진행합니다).

흐름을 다 만들었다면 모든 팀원과 함께 검토합니다. 각 흐름마다 메모리 크기 등의 제약 사항이 정해져 있는 경우가 많으므로 엔지니어는 기획자나 아티스트 그룹이 생각하는 흐름대로 실제 구현할 수 있는지 개발 초기 단계에서 미리 확인해두는 것이 중요합니다.

3.3.1 인게임과 아웃게임

게임 흐름을 구분할 때 '인게임in-game'과 '아웃게임out-game'이라는 개념이 있습니다.

인게임이란 해당 게임에서 메인으로 진행하는 부분입니다.

- 액션 게임이라면, 각 스테이지를 플레이할 때
- 격투 게임이라면, 대전 상대와 전투를 할 때
- 카드 게임이라면, 카드를 이용한 전투를 할 때

반면 **아웃게임**이란 인게임을 제외한 나머지 부분을 나타냅니다. 다음과 같이 인게임을 위한 준비 단계인 경우가 있지만 프로젝트에 따라 다르므로 미리 확인해둡니다.

- 액션 게임이라면, 플레이할 스테이지를 선택할 때
- 격투 게임이라면, 사용할 캐릭터나 장비를 선택할 때
- 카드 게임이라면, 카드 덱을 섞고 있을 때

이 개념을 기억해두면 팀에서 의사 소통이 쉽게 이루어지며 각 흐름마다 가장 적합한 담당자를 배정할 수 있습니다.

3.3.2 게임 흐름 예시

화면 도출

우선 화면 단위로 요소를 정리한 뒤 흐름 순서도를 그리는 것을 권장합니다. 각 단계에 누락이나 중복이 없도록 골라냅니다.

프로토타이핑 도구에서 확인

흐름 순서도에 따라 프로토타이핑 도구로 화면 이동을 확인합니다. 이 시점에는 속도가 우선이므로 잘 이동되는지만 확인합니다. 각 화면 안의 레이아웃은 다음 절에서 진행하므로 지금은 넘어갑시다. 확인할 항목은 다음과 같습니다.

- 처음 하는 이용자도 이해하기 쉬운 흐름인가?
- 단계적으로 학습할 수 있거나 튜토리얼 기능이 제공되는 흐름인가?
- 막다른 골목에서 더 이상 진행할 수 없는 흐름이 있지는 않은가?
- 어디로도 들어오거나 나갈 수 없는 흐름이 있지는 않은가?
- 게임 메인 사이클로 이동할 때 위화감은 없는가?

3.4 레이아웃

흐름을 완성했다면 이제 화면별 레이아웃을 생각할 차례입니다. 단, 아직 세세한 디자인까지 해서는 안 됩니다. 전체 흐름을 생각하며 기능별로 구분한 사각형을 하나, 둘 놓아보면서 위화감이 없는지 검토합니다.

아이디어가 떠오르지 않을 때는 기존 게임 타이틀의 비슷한 기능 화면을 참고하면 좋습니다. UI는 독창적이고 참신한 레이아웃보다는 자주 봐서 익숙한 레이아웃이 더 쉽게 받아들여지는 경향이 있기 때문입니다.

3.4.1 레이아웃 예시

앞에 '3.2.3 표시할 요소'에서 확인한 정보의 우선순위를 바탕으로 레이아웃을 작성합니다. 상세한 디자인은 '4장 디자인'에서 작성하므로 이번에는 다음 사항만 고려하여 진행합니다.

- 정보의 우선순위가 높을수록 큰 사각형으로 배치한다.
- 정보의 우선순위가 높을수록 눈에 띄는 위치에 배치한다.
- 화면 이동을 위한 버튼은 모두 이 단계에서 배치한다.

레이아웃 예시 화면은 '3.2.4 기획 요구사항 문서 예시'에서 언급했으므로 참고하기 바랍니다.

3.5 UI 표현

화면별 레이아웃을 대략 정했다면 이제 UI로 가장 잘 표현하는 방법을 고민합니다. 예를 들어 한 화면에 다 담기지 않는 많은 정보를 표시하려면 다음과 같은 방법을 생각할 수 있습니다.

- 화면을 스크롤해서 표시한다.
- 탭으로 전환해서 표시한다.
- 페이지 넘김으로 표시한다.

현장에서는 대부분 기획자가 상세한 그림 설명을 포함한 기획서를 UI 담당자에게 전달하면 그것을 그대로 디자인으로 바꾸는 경우가 일반적일 것입니다. 그러나 기획자가 반드시 UI 디자인에 정통한 사람이라고 단언할 수는 없습니다. 기획자가 준 문서대로 만들었다고 해도 나쁘지는 않지만 이 부분은 UI 전문가로서 자신 있게 제안해보세요!

- 텍스트로 표현하는 정보는 아이콘 등으로 정리할 수 없는가?
- 라디오 버튼보다 드롭다운 버튼이 깔끔하지 않은가?
- 항상 표시하지 않고 마우스 오버를 했을 때만 표시하는 것은 어떤가?

위의 내용은 예시일 뿐이며 이외에도 다양하게 UI를 표현할 수 있습니다.

3.5.1 UI 표현 예시

게임에서 자주 사용되는 UI 종류나 요소들을 소개합니다. UI는 시대에 따라 유행이 바뀌기 때문에 항상 트렌드를 의식해야 합니다. 웹이나 스마트폰 애플리케이션 등에서 탄생한 새로운 UI 표현이 게임 UI에 도입되기도 합니다. 최신 게임은 물론 게임 외의 제품에도 관심을 갖는 것이 중요합니다.

명칭	설명

아이콘

요소나 액션을 기호화하는 UI 표현이다. 텍스트로는 장황해지기 쉬운 개념을 직관적으로 이해시키는 데 적합하다. 또한 언어가 다른 문화권에서도 의미를 잘 전달할 수 있는 표현이다.

탭

항목명을 선택하면 내용이 바뀌는 직관적인 UI 표현이다. 한정된 공간에서 많은 정보를 병렬 또는 순차적으로 처리하고자 할 때 적합하다.

탭A · 탭B · 탭C

드롭다운
(풀다운 · 셀렉트 박스)

여러 항목 중 하나를 선택하는 UI 표현이다. 모든 선택지를 항상 표시하지 않기 때문에 공간을 절약할 수 있다.

선택지A ▼

콤보 박스

기본적으로 드롭다운과 유사하지만 선택지의 텍스트를 자유롭게 추가 입력할 수 있다는 특징이 있다.

자유 입력 가능 ▼

라디오 버튼

여러 항목 중 하나를 선택하는 UI 표현이다. 하나를 선택하면 그 전까지 선택되었던 항목이 선택하지 않은 상태가 된다.

선택지A · 선택지B · 선택지C

체크 박스

여러 항목을 선택하는 UI 표현이다. 라디오 버튼과는 다르게 그 전까지 선택되었던 항목이 유지된다.

선택지A · 선택지B · 선택지C

툴팁(말풍선)

특정 요소에 커서를 가져가면 해당 대상의 근처에 말풍선 등을 표시하는 UI 표현이다.

요소 · 요소 설명

명칭	설명
아코디언	항목을 선택하면 숨겨진 세부 정보를 표시하는 데 사용하는 UI 표현이다. 스마트폰 같은 작은 화면에서 정보를 압축해서 표시할 때 적합하다. 
팝업창	작은 대화창 등을 화면에 표시하여 이용자에게 안내 및 경고 메시지를 보낼 때 사용하는 UI 표현이다. 또한 표시된 지시문에 대한 특정 조작을 수행하기 전까지 다른 화면에 대한 액션을 할 수 없도록 하는 상태를 '모달modal'이라고 한다. 
페이지네이션 (페이지 이동)	많은 콘텐츠를 여러 페이지로 나누고 일정한 양으로 구분해 표시할 때 사용하는 UI 표현이다. 페이지의 총 수를 알 수 있는 유형도 있다. 
슬라이드 쇼	여러 이미지나 콘텐츠를 슬라이드로 표시하는 UI 표현이다. 제한된 공간에서 효율적으로 정보를 보여주는 데 적합하다. 슬라이드를 넘길 때 애니메이션 효과를 넣어 호소력을 높일 수도 있다. 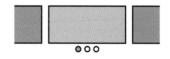

여기에 소개된 것은 예시에 불과합니다. 이외에도 다양한 UI 표현이 존재합니다. 각 UI 표현에 장단점이 있으므로 목적과 기능에 맞게 최적의 것을 선택하는 것이 중요합니다.

요소 배치

레이아웃과 UI 표현을 정했다면 해당 UI를 실제로 사용할 수 있는지 크기를 신경 쓰면서 요소를 배치해봅니다. 이때도 세세한 부분까지 신경 쓰지 말고 속도와 시행착오의 횟수를 우선으로 합니다.

2.3.6절의 범용 UI 컴포넌트 디자인을 여기에서 활용합니다. 먼저 필수 요소를 해당 컴포넌트로 하나씩 연결합니다. UI가 어느 정도 갖춰진 러프한 디자인을 만들 수 있습니다. 또한 '캐릭터를 보여주는' 등의 요소가 있는 화면에서는 2D 그래픽으로 표시할 것인지, 3D 모델로 표시할 것인지 등의 문제를 이 단계에서 엔지니어와 상의합니다.

여기까지 레이아웃과 UI 디자인, 요소가 갖춰지면 프로토타이핑을 통해 UI 사용감을 대부분 확인할 수 있습니다. 다음 단계로 진행하기 전에 우선 여기에서 검증을 반복하여 재작업을 최소화할 수 있도록 하세요. 우수한 UI 디자인이라면 디테일한 비주얼이 없어도 충분히 사용하기 편한 상태가 되어 있을 것입니다.

3.6.1 요소 배치 예시

UI 컴포넌트를 사용해 요소를 배치하면 다음과 같은 이미지가 됩니다(물론 톤 앤 매너에 따라 스타일은 달라집니다). 3D 모델 등을 표시할 예정이라면 대략적인 실루엣으로 그려둡시다. 텍스트는 가능하면 최종 형태에 가까운 것으로 입력하는 것을 추천합니다.

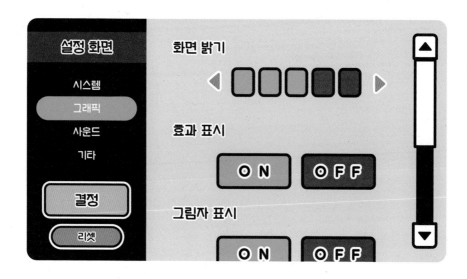

컴포넌트 소스 구입하기

개발 시간이 촉박하다면 각종 그래픽 소스를 판매하는 사이트에서 UI 컴포넌트에 들어갈 소스를 구입하는 것도 좋은 방법입니다. 최근에는 3D용 텍스처와 비슷하게 UI용 소스도 많이 나오고 있습니다. AI 일러스트 파일이나 EPS 파일로 된 것을 구입하면 원하는 대로 가공하기 쉽습니다.

단, 유료 소스를 사용할 때는 사용 약관을 잘 확인하고 반드시 프로젝트 관리자의 허가를 받아야 합니다. 무단으로 사용하면 예기치 않은 문제가 발생할 수 있습니다.

3.7 동작 및 연출 이미지

다음으로 각 UI에서 플레이어의 동작 및 연출 이미지를 검토해봅니다. 예를 들어 화면을 전환할 때의 인·아웃 연출, 버튼이나 커서 등의 동작, UI 애니메이션, UI 이펙트 등이 해당됩니다.

그 외에도 3D를 사용한 연출이나 SE^Sound Effect, BGM 등 UI 이외 담당 부서와 협력이 필요한 부분에 대해서도 프로토타이핑 시점에서 상의하는 것을 권장합니다.

개발 막바지에는 매우 분주해지기 때문에 연출과 관련된 이슈를 알아채지 못한 채 수정할 시간이 없는 상황에 빠지기 쉽습니다. 그보다 "저쪽에서 진행하던 거 아니야?!"라는 소통 오류가 더 자주 발생합니다.

예를 들어 뽑기 기계의 화면을 상상해보겠습니다.

- 뽑기 기계의 외형 모델(3D 담당자)
- 이펙트 연출(이펙트 담당자)
- 뽑기 기계 돌리기 버튼(UI 담당자)

이러한 요소들이 있는 화면을 여러분의 팀에서는 어떤 사람이 주도적으로 디자인이나 연출을 결정하고 있나요? "우리 팀에서는 먼저 ○○ 파트에서 콘티를 준비해서…"라고 바로 대답할 수 있다면 훌륭한 팀 체제를 구축하고 있는 것입니다.

하지만 안타깝게도 러프한 화면이 개발 막바지까지 공중에 떠 있는 상태인 경우가 의외로 많습니다(후자의 팀에 속해 있더라도 안심하세요. 저도 여러 차례 경험했습니다).

실제로 이런 경우 UI 파트에서 전체 상황을 가장 잘 파악하고 있을 것입니다. 여러 파트와 협력하고, 특히 기획자와 매일같이 소통하는 UI 담당자는 '곧 3D 및 효과와 관련된 UI 화면 개발이 예정되어 있다'와 같은 정보를 알고 있는 경우가 많습니다.

담당 파트가 정해지지 않았다면 주저하지 말고 UI 파트 주도로 개발을 진행해보세요. 마지막에 화면 비주얼을 완성하는 것은 대부분 UI 담당자의 몫입니다.

업무를 서로 떠넘긴다 한들 개발 기간만 계속 촉박해질 뿐입니다. 연출 이미지 콘티를 포함하여 주도적으로 진행할 수 있도록 기술을 익히고 최종적으로 화면 전체 품질 향상에 시간을 할애하는 것을 추천합니다.

3.7.1 인터랙션

UI에서 매우 중요한 **인터랙션**은 엔지니어와 함께 설계해야 합니다. 인터랙션이란 '상호작용하는 것'을 의미하며 이용자가 어떤 조작을 하면 게임에서 그에 대한 반응을 돌려주는 동작이 기본입니다. 이를 **동적인 UI**라고도 합니다. 다음과 같은 예를 들 수 있습니다.

- 캐릭터 대사에 이용자가 설정한 이름을 포함하기
- 아이템에 커서를 올리면 툴팁(말풍선) 표시하기
- 로그인 보너스 화면에서 오늘의 보상 이미지를 표시하기

이러한 상호작용은 대부분 UI 담당자가 자료를 준비하는 것만으로는 구현할 수 없고 엔지니어에게 기획서를 전달하고 프로그램으로 그 동작을 '구현'해야 합니다. 이에 대해서는 '5장 구현'에서 자세하게 설명할 것입니다.

3.7.2 UI 애니메이션

다음으로 **UI 애니메이션**에 대해 살펴보겠습니다. 보통 UI 컴포넌트나 전용 2D 그래픽에 키프레임 애니메이션을 설정하지만 그 앞에 있는 인터랙션과 연계된 경우가 많으므로 프로토타이핑 단계에서 어느 정도 이미지를 생각해둘 것을 권장합니다.

- 어떤 화면이나 UI에서
- 언제
- 어느 애니메이션을 재생할지

이와 같이 가정한 상태에서 다음 항목을 지정합니다.

- 한 번만 재생하는가?
- 조건을 만족할 때까지 몇 번 반복 재생하는가?
- 무한 반복 재생하는가?

UI 애니메이션은 엔지니어, 이펙트 담당자, 사운드 담당자 등도 관여하는 과정이므로 어떤 UI 애니메이션을 준비할 것인지 미리 목록을 작성하고 팀 내에서 공유 및 업데이트하는 것이 좋습니다. UI 애니메이션의 자세한 내용은 '4장 디자인'에서도 설명합니다.

3.7.3 3D 모델

최근 게임에서는 3D 모델과 UI의 관계를 무시할 수 없습니다. UI 자체를 3D 파일로 제작하는 것도 일반적입니다(화면에 2D로 보이는 디자인을 내부적으로는 3D 폴리곤으로 그린 경우도 있지만 이것은 또 다른 이야기입니다).

다양한 유료 및 무료 3D 제작 도구가 보급되면서 진입 장벽이 이전에 비해 훨씬 낮아졌습니다. 3D 담당자와 원활하게 논의하기 위해 UI 담당자도 꼭 관련 지식을 습득해두길 바랍니다.

앞에서 언급한 연출 이미지 콘티도 3D 담당자가 맡을 수 있으므로 사전에 담당 범위를 미리 조율해야 합니다.

3D 이미지에서 그대로 3D 장면으로 연결되는 연출에서도 잠시 2D 그래픽 UI로 가리는 장치를 만드는 경우도 있습니다.

또한 화면에 캐릭터를 표시하는 경우 캐릭터의 2D 이미지 소스를 사용할 것인지, 3D 모델 소스를 사용할 것인지에 따라 구현 흐름이 크게 달라집니다.

이러한 점을 고려하여 기획 및 엔지니어 담당자와 함께 어떤 부분의 어느 소스를 사용하여 진행할 것인지 확실히 정해야 합니다.

3.7.4 UI 이펙트

게임에서 표시하는 이펙트는 크게 두 종류가 있습니다. 하나는 VFX(비주얼 효과) 등의 이펙트 전문가가 만드는 것이고 또 다른 하나는 UI 파트에서 만드는 **UI 이펙트**로, 2D 효과로 불리기도 합니다.

일반적으로 3D 모델이나 인터랙션이 있는 효과는 VFX 파트에서 담당하는 경우가 많습니다.

UI 이펙트는 다음과 같은 것이 있습니다.

- 글자를 표시하는 효과
- 화면을 전환할 때의 트랜지션 효과
- UI 애니메이션을 따라가는 효과
- UI의 그림자 깊이를 앞뒤로 이동시키는 효과

글자를 표시하는 효과는 가독성이 중요하거나 폰트를 다루어야 하는 경우가 많아서 UI 파트에서 담당하기도 합니다.

또한 화면 전체를 덮거나 UI를 따라가는 효과는 UI 이펙트로 제어하는 것이 다루기 쉬울 수 있습니다.

게임 엔진에는 대개 VFX 외에도 활용하기 쉬운 파티클 시스템이 준비되어 있는 경우가 있으므로 UI 담당자도 반드시 접해보고 그 구조를 이해해두는 것이 좋습니다. UI 이펙트에 대한 자세한 내용은 '4장 디자인'에서도 설명합니다.

3.7.5 사운드

SE나 BGM과 같은 **사운드 연출**도 UI에서 빠질 수 없는 요소 중 하나입니다. 사운드와 적절하게 잘 동기화된 UI는 사용자 경험에도 매우 좋은 영향을 미칩니다(하지만 사운드는 개발 중반부터 마지막까지 잊혀지는 경우가 많은 것도 사실입니다).

UI 리더는 가능하다면 **초반부터 사운드 파트와 긴밀하게 협력**하는 것이 좋습니다. '2장 콘셉트'에서 톤 앤 매너를 작성하는 시점에 사운드 파트에도 UI의 비주얼 이미지를 공유하고 그에 맞춰 재생할 사운드의 방향을 조율합니다.

또한 엔지니어를 포함해 UI 관련 사운드 설정을 누가, 언제, 어떻게 구현할 것인지 검토하는 것도 중요합니다.

게임 엔진에 따라 손쉽게 사운드를 재생할 수 있는 시스템이 제공되기도 합니다. 그러나 누구든지 도중에 편집할 수 있는 상태가 되면 예기치 않은 결함을 일으키거나 사운드가 의도하지 않은 상태로 구현되는 문제가 발생할 수 있습니다.

이는 비단 사운드에만 한정된 이야기가 아닙니다. '담당자 외에는 조작하지 마세요!'와 같은 **규칙을 정해두는 것도 중요**합니다.

UI 디자이너는 만능이다?

최근에는 게임 개발 규모가 커지면서 UI를 디자인하는 사람과 구현하는 사람이 나눠지게 되었습니다. 또한 2D를 전문으로 하는 테크니컬 아티스트가 지정되는 등 분업을 하는 경우도 많습니다.

과거에는 UI 디자이너라면 소수 정예, 즉 프로젝트에 하나에 한 명이 배정되는 경우가 많았습니다. 배너나 웹사이트용 프로모션 이미지 등은 물론이고 현장에 따라 이펙트나 사운드 조정을 맡기도 했습니다.

UI 디자이너는 비주얼 파트도 직접 구현하는 경우가 많기 때문에 간단한 스크립트나 바이너리 데이터를 다루는 데 익숙해 이러한 역할을 맡는 경우도 많습니다.

저도 그러한 파도에 휩쓸려 있던 시기가 있었습니다. 하지만 그 덕분에 게임 개발에서 다루는 다양한 파일 사양에 익숙해졌습니다. 당시에는 '나는 디자이너인데, 왜 사운드 파일을 다루고 있는 걸까…' 생각하기도 했지만 그런 경험 덕분에 리더나 디렉터를 맡게 되었을 때도 원활하게 개발을 진행할 수 있었고 이후 커리어의 폭도 훨씬 넓어졌습니다.

만약 지금 독자 여러분 중에 "UI와 직접 관련 없는 작업 때문에 힘들어 죽겠어~!"라고 외치는 분이 있다면 큰 소리로 말하겠습니다. "그 경험은 결코 쓸모없지 않고 언젠가 당신의 실력으로 돌아올 테니 안심하세요!"

어떤 일이든지 긍정적인 마인드로 접근해봅시다.

3장
프로토타이핑 정리

프로토타이핑으로 기초를 다져라!

UI 디자인은 시행착오가 많습니다. 갑자기 비주얼 디자인을 시작하기보다는 먼저 프로토타이핑을 통해 디자인 설계의 기초를 단단히 다져놓는 것이 좋습니다. 그래야 천천히 비주얼 퀄리티를 향상시키는 시간을 확보할 수 있습니다.

목적, 기능, 요소의 3박자!

좋은 UI는 세세하게 요소를 많이 쓰지 않아도 사용하기 쉽습니다. 목적, 기능, 요소가 제대로 검증되었기 때문입니다. 눈에 띄지 않는 소소한 장식에 눈길을 돌리지 말고 간단한 텍스트나 도형만으로 이 3박자를 만족하는 레이아웃을 진행해봅니다.

화면 이동은 직접 해보면서 확인하자!

게임의 흐름은 슬라이드 자료나 순서도를 작성하는 것만으로는 완성된 모습을 떠올리기 어렵고, 그렇게 한다 해도 나중에 화면이 누락된 부분이 발견될 수 있습니다. 전용 프로토타이핑 도구를 사용하면 실제로 화면 이동을 해보면서 팀 전체가 완성 이미지를 통일할 수 있습니다.

> 솔직히 말해서 80%는
> 프로토타이핑으로 완성된다!

디자인

이번 장에서는 드디어 UI 디자이너로서의 역량을
최대로 발휘할 수 있는 '디자인'에 대해 설명합니다.
UI 디자인은 '비주얼'과 '기능' 모두 중요한데
여기에서 디자인은 '설계'라는 의미도 포함됩니다.
먼저 UI 디자인의 전체적인 작업 흐름을 이해하고
각 포인트별 요점을 파악해봅시다!

4.1 디자인 시작

드디어 UI 비주얼 디자인을 할 차례라고 신나게 포토샵을 열어서 그리고 싶은 마음은 충분히 이해합니다만, 잠깐 멈춰주세요! 파일 구조 검토는 끝났습니까? 요소가 너무 많거나 부족하지는 않습니까? 품질 기준은 결정했나요? 잠시 숨을 고르고 기초를 단단하게 다지도록 합시다. 사전 준비를 철저히 해두면 작업 효율이 높아져 UI 디자인에서 중요한 사용자 경험을 숙지하고 디자인 품질을 끌어올리는 데 시간을 투자할 수 있습니다.

UI 비주얼 디자인은 다음 흐름에 따라 진행합니다. 개발 기간이 긴 경우에는 팀의 밸런스를 고려해 유연하게 다듬어 나가도록 합시다.

1. 도구를 선택한다.
2. 파일 규칙을 작성한다.
3. 러프한 디자인을 만든다.
4. 실제 디자인을 만든다.
5. 연출 효과를 추가한다.

각 과정에 대해서는 다음 페이지부터 자세히 소개합니다.

4.2 | 도구 선택

먼저 UI 디자인에 사용할 도구를 정합니다. 포토샵이나 일러스트레이터와 같이 널리 알려진 제품 외에도 다양한 디자인 도구가 출시되어 있습니다. 새로운 도구는 기능은 풍부하더라도 활용할 줄 아는 구성원을 선발하거나 협력 업체를 선정하기 어려울 수 있으며 도구 자체가 불안정할 수도 있습니다. 따라서 최신 기술과 팀 내 소화 여부의 균형을 맞추는 것이 중요합니다. 리더는 각 구성원의 의견을 듣고 팀 전체가 다루기 쉬운 도구를 선택하는 것이 좋습니다.

또한 출시 이후 일정 시간이 지난 다음 얼마나 운영이 가능할지도 중요합니다. 최근 게임의 경우 장기간 서비스하는 경우가 많으므로 개발 기간뿐만 아니라 출시 후에도 안정적으로 운용할 수 있는 도구를 권장합니다. 아무리 편리한 기능이 있더라도 결함이 많거나 도구 개발자와 연락이 닿지 않아 유지보수할 수 없으면 UI를 안심하고 업데이트할 수 없습니다. 기존에 출시한 게임에서 많이 사용한 도구, 누구나 알 만한 대기업에서 출시한 도구를 선택하는 것이 무난합니다.

현재는 무료, 유료를 불문하고 우수한 도구가 많이 출시되어 있지만 상업용으로 사용하는 경우 반드시 라이선스 약관을 먼저 확인해야 합니다. 도구에 따라 추가 비용을 지불하거나 출처를 표기하는 등의 조건이 있을 수 있습니다.

4.2.1 다양한 디자인 도구

| 포토샵

어도비의 대표적인 이미지 편집 프로그램입니다. 사진 보정, 이미지 가공, 일러스트 제작 등의 기능이 있어 폭넓게 사용됩니다. 또한 포토샵의 편집 파일인 PSD 형식은 범용적인 포맷으로 게임 업계는 물론 인쇄, CG, 영상 관련 분야에서도 서로 주고받는 경우가 많습니다.

URL https://www.adobe.com/kr/products/illustrator.html

| 일러스트레이터

어도비의 대표적인 드로잉 프로그램입니다. 벡터 이미지 편집에 강하기 때문에 로고 제작이나 인쇄용 파일을 만드는 데 자주 사용합니다. UI 제작에도 유용한 기능이 많아 해상도에 구애받지 않는 파일 작성에 적합합니다.

URL https://www.adobe.com/kr/products/photoshop.html

| 스케치

스케치Sketch는 보헤미안 코딩 사에서 출시한 벡터 그래픽 편집 프로그램입니다. 모바일 앱이나 웹사이트의 UI 디자인에 적합하며 프로토타입 설계와 제작도 가능합니다. 특히 소셜 게임 분야의 UI 디자이너 사이에서 주목받고 있는 도구입니다.

URL https://www.sketch.com

| 피그마

피그마Figma 사가 제공하는 디자인 도구입니다. 디자인은 물론 프로토타이핑 기능도 갖추고 있습니다. 애플리케이션을 설치하지 않고도 브라우저에서 사용할 수 있어 제작비가 적게 드는 장점이 있습니다. 여러 명이 동시에 실시간으로 편집할 수도 있습니다.

URL https://www.figma.com

| 어피니티 디자이너

어피니티 디자이너Affinity Designer는 세리프 사에서 만든 드로잉 프로그램이며 2014년에 출시되었습니다. 대용량 문서도 처리할 수 있는 엔진과 다양한 기능을 지원하여 벡터와 래스터 모두 다룰 수 있습니다. 동작이 가볍고 PC와 태블릿 등 다른 기기 간 연동도 가능합니다.

URL https://affinity.serif.com/en-us/designer

4.2.2 다른 부서와 협력

디자인 도구를 결정할 때는 디자이너만 고려하기보다는 팀 전체에서 공유하고 협의하는 것이 좋습니다. 기획자나 엔지니어와 도구 사용 정보를 공유하면 가상으로 구현하기 위한 더미 자료를 만들거나 효율화를 위한 플러그인 개발 등 구성원 간의 협력을 강화할 수 있습니다.

또한 유료 도구라면 라이선스 계약이 필요한 경우도 있으므로 계약, 예산을 관리하는 담당자나 프로젝트 매니저에게도 상황을 공유함으로써 갑작스러운 구성원 변동에도 대응할 수 있는 체제를 구축하는 것이 좋습니다.

4.2.3 도구 학습

사용할 도구를 확정하면 이제 학습 기간을 설정해야 합니다. 초기 교육 비용이 발생하더라도 구성원들의 숙련도를 어느 정도 맞출 수 있도록 합니다.

UI 디자인은 필연적으로 시행착오가 많은 분야입니다. 반복되는 수정이나 기한 마감 직전에 떠밀려 오는 급한 작업은 피할 수 없습니다. 이럴 때 도구를 능숙하게 다룰 수 있다면 당황하지 않고 신속하게 대응할 수 있습니다.

또한 도구를 사용해 고급 기술을 익혀두면 시각적 표현의 폭을 넓힐 수 있습니다. 도구는 디자이너에게 든든한 무기입니다. 머릿속에 떠오르는 영감을 원하는 대로 표현하기 위해 다양한 도구 조작 방법을 익혀 어떤 상황에도 대응할 수 있는 UI 디자이너가 되어보세요!

C·O·L·U·M·N

그래서 어떤 도구가 좋다는 건가요?

제가 과거에 맡았던 프로젝트에서는 포토샵으로 전체 화면을 디자인하고 정밀한 부분이나 곡선은 일러스트레이터로 편집하는 경우가 많았습니다. UI 디자인은 픽셀 단위로 이미지를 조정하므로 래스터 이미지로 최종 결과물을 제어할 수 있는 포토샵이 제일 적합하다고 생각합니다.

또한 많은 사람이 사용한다는 것도 중요한 점입니다. 구성원을 추가로 영입하거나 외부 협력 회사를 찾을 때 남들이 잘 사용하지 않는 독특한 도구를 사용하면 교육 비용이 또 발생하기 때문에 대중적으로 인기 있는 도구를 선택하는 것이 중요합니다(실제 구현은 자사가 개발한 인하우스 도구를 사용하는 경우가 많기는 합니다).

앞으로 게임 하드웨어나 기기의 성능 향상으로 4K, 8K와 같은 초고해상도가 보편화되면 해상도에 구애받지 않는 벡터 이미지를 사용한 UI 구현이 주가 될 가능성도 있다고 생각합니다.

UI뿐만 아니라 게임 개발 환경 및 상황은 끊임없이 변화하기 때문에 이것이 정석이라고 단정짓지 말고 트렌드와 안정성을 계속 모색해야 합니다.

4.3 | 파일 규칙

다음으로 UI 파일에 대한 구체적인 규칙을 마련해보겠습니다. 모든 구성원이 동의하는 규칙을 먼저 정하는 것이 중요합니다.

4.3.1 파일 관리

파일 관리에 관한 규정으로는 '폴더 구성'이나 '네이밍 규칙'과 같은 파일 자체를 처리하는 규칙을 먼저 결정합니다. 기본적으로는 팀 전체의 규칙을 따르지만 UI 파일은 다른 파트의 구성원도 편집할 수 있습니다. 버전 관리 도구와의 호환성도 고려해야 하므로 기획자나 엔지니어와 상의한 후 확정하는 것이 좋습니다.

폴더 구성 예시

UI 파트에서는 파일 관리를 위한 폴더를 다음과 같이 준비합니다.

- **UI 기획서 등의 문서 파일**
- **작업 시 사용하는 도구나 폰트 파일**
- **UI 디자인 편집용 파일**
- **UI 구현용 텍스처 파일**
- **구성원별 작업 파일**
- **임시 저장 파일**

프로젝트 방침에 따라 다르지만 보통 구현에 사용하는 파일(게임 패키지에 포함하는 파일)과 구현에 사용하지 않는 파일 두 가지로 구분해 관리하므로 이를 염두에 두고 폴더를 구성하는 것이 좋습니다.

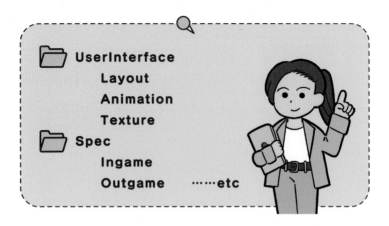

네이밍 규칙은 개발 환경이나 버전 관리 도구에 따라 다르지만 대체로 다음과 같은 항목을 정해둡니다.

규칙 항목	설명
사용 가능 문자	폴더나 파일명에 사용할 수 있는 문자의 종류. 구현 파일에서는 영문자와 숫자만 사용하는 것이 일반적이다. 간혹 편집 파일 등에서 전각 문자는 사용해도 되지만 기종에 따른 특수 문자 사용은 불가능한 경우도 있으므로 주의한다.
단어 구분 표기법	단어를 구분할 때 사용하는 기법. 다음과 같은 종류가 있다. • 캐멀 케이스camel case: 단어의 첫 글자를 대문자로 쓴다. 처음 단어만 소문자로 시작하는 로워 캐멀 케이스, 모든 단어의 첫 글자를 대문자로 시작하는 어퍼 캐멀 케이스(파스칼 케이스)도 있다. 　　예: uiMainMenu, UiMainMenu • 스네이크 케이스snake case: 단어 사이를 언더 바(_)로 연결한다. 　　예: ui_main_menu • 케밥 케이스kebab case: 단어 사이를 하이픈(–)으로 연결한다. 　　예: ui–main–menu
일련번호나 날짜 표기법	연속되는 숫자로 번호를 매길 때는 자릿수를 결정한다. 날짜를 삽입할 때는 yymmdd와 같이 표기하거나 0을 생략하는 등의 규칙을 정해 통일한다.
일반 단어 사용	게임 개발에서는 대중적으로 많이 사용하는 단어를 우선 사용한다. 기계 번역처럼 느껴지는 직역한 단어나 억지스러운 표기는 권장하지 않는다.

규칙 항목	설명
약어	글자 수가 많거나 줄여서 널리 사용하는 경우 줄임말 처리 방법을 결정한다. 　예: background → bg
최소~최대 글자 수	폴더나 파일 이름에 사용할 수 있는 글자 수. 파일 경로가 너무 길어지면 게임 구동에 지장을 줄 수 있으므로 파일명과 폴더명 모두 확인한다.
접두사, 접미사	같은 카테고리의 파일을 나타낼 때와 같이 접두사나 접미사를 사용해서 표기할 때가 있다. 　예: UI 관련 데이터는 앞에 'UI_'를 붙인다.
금지어, 비추천 단어	시스템상에서 이미 사용하고 있는 예약어 사용을 금지하는 등 팀마다 정한 규칙을 적용한다.

이처럼 개발 초기에 네이밍 규칙을 정해두면 구성원이 여러 명이더라도 데이터 관리를 쉽게 할 수 있습니다. 예전에는 개발 도중에 폴더명이나 파일명 변경이 어려웠지만 요즘 버전 관리 도구나 게임 엔진에서는 수월하게 대응할 수 있습니다. 개발 상황에 따라 유연하게 검토합시다.

이런 이름은 싫어요!

저는 다소(아니, 꽤?) 네이밍 규칙에 까다로운 사람이라 다음과 같은 폴더나 파일 이름을 보면 즉시 수정을 요청합니다.

- _복사본 −
- 새 폴더
- 이름 미설정
- _fix 또는 _final, _last 등(심지어 최종본도 아님)
- 버전 관리 중인데도 날짜를 포함

물론 팀이 개발을 원활히 진행할 수 있다면야 어떤 네이밍 규칙을 사용해도 무방하지만 이러한 디테일에 대한 집착이 개발 완료 시점을 결정한다는 믿음으로 오늘도 열심히 수정하고 있습니다.

4.3.2 편집 파일 구성

파일명을 어떻게 할지 정했으면 이제 파일 내부 구성을 결정해봅니다. 예를 들어 PSD와 같은 디자인 파일에서 레이어 이름이나 구성을 어떻게 처리할 것인지, 본격적으로 디자인할 때는 벡터 데이터 같은 원본 보존 편집(이미지 파일을 훼손하지 않고 편집 및 수정하는 것)을 권장할 것인지 등, 미리 UI 파트에서 서로 조율해야 합니다. 이 부분이 확정되어야 여러 명이 동시에 개발을 진행하더라도 관리가 수월한 파일 상태를 유지할 수 있습니다.

편집 파일 규칙 예시

저의 경험을 바탕으로 편집 파일 구성 예시를 소개하겠습니다. 디자인 데이터로 PSD 파일을 주로 사용하기 때문에 포토샵에서 사용하는 용어로 표기했지만 다른 도구를 사용하는 분은 유사한 기능으로 대체해서 참고하기 바랍니다.

규칙 항목	설명
캔버스	새로운 화면 디자인을 시작할 때는 원칙적으로 UI 리더가 준비한 '템플릿 PSD'를 사용한다. 부득이하게 새로운 캔버스를 만들어야 할 때는 다음 설정을 준수한다. • 너비: 1920 픽셀　　• 높이: 1080 픽셀 • 대지: ON　　• 해상도: 72dpi • 컬러 모드: RGB (8bit)　　• 픽셀 가로 세로 비율: 정사각형 픽셀
세이프 영역	타이틀 세이프와 액션 세이프 두 가지를 지킨다. • 타이틀 세이프: 주요 정보를 나타내는 영역. 가로, 세로 각각 95%로 설정한다. 특히 반드시 읽혀야 하는 중요도 높은 텍스트는 원칙적으로 이 안에 배치한다. • 액션 세이프: 일반 정보를 나타내는 영역. 가로, 세로 각각 97.5%로 설정한다. 일반적으로 보여주고 싶은 정보는 이 안에 배치한다.
파일 구성	기본 화면 PSD 파일을 준비하고 상세 화면 PSD 파일을 링크하도록 구성한다. 또한 상세 화면 PSD 파일 안에는 레이아웃용 대지와 텍스처별 대지를 만들어 편집할 수 있도록 해야 한다. 텍스처별 대지는 4의 배수 크기로 만든다.

규칙 항목	설명
외부 이미지	외부 이미지를 배치할 때는 '임베드embed'가 아닌 '링크link'를 사용한다.
대지 네이밍 규칙	레이아웃용 대지 이름은 'Layout'으로 설정하고 텍스처별 대지 이름은 게임의 텍스처 네이밍 규칙을 따른다.
레이어 구성	그룹으로 묶인 기능이나 요소마다 레이어 세트에 저장하고 모든 레이어를 포함한 상위 레이어 세트를 하나 만든다.
레이어 네이밍 규칙	각 레이어에 적절한 이름을 붙여 다른 담당자가 봐도 이해하기 쉽도록 한다.
디자인 파일	원본 파일을 훼손하지 않고 디자인 파일을 만들어 리사이즈, 회전 등을 적용할 수 있도록 한다.
레이어 스타일	게임 엔진에서만 동일한 표현이 가능한 스타일을 우선 사용한다. 아래와 같은 스타일을 제외한 스타일은 이미지로 만들어야 할 수도 있으므로 남용하지 않도록 주의한다. • 그러데이션 오버레이 • 테두리 • 그림자
디자인 좌표	각종 요소의 위치나 배경 좌표, 크기 등의 픽셀은 4의 배수로 사용한다.

이는 하나의 예시일 뿐이므로 여러분의 프로젝트에 맞게 규칙을 정해보세요. 처음부터 완벽한 결과물을 바라기보다는 UI 팀원들의 눈높이에 맞춰 조정하는 것이 좋습니다. 이 단계의 목적은 구성원 전원이 쉽게 다룰 수 있는 편집 파일 구성을 규칙으로 만들어 작업의 효율을 높이고 예기치 못한 사고를 방지하는 것입니다. 단, 규칙에 너무 집착해 본래 목적을 잃지 않도록 주의합니다.

포토샵의 장점

여러분은 어떤 도구를 사용해 UI 디자인을 만들고 있나요? 저는 프로젝트 대부분에 포토샵을 사용하고 있습니다. 그 이유로는 업계에서 표준으로 사용하는 프로그램이다, 경험자를 쉽게 채용할 수 있다, 기능이 대체로 안정적이다(업데이트 직후에는 불안정할 때도 있음), 풍부한 고급 기능이 탑재되어 있다는 점을 들 수 있습니다.

특히 래스터와 벡터를 다루는 데 균형이 잘 잡혀 있다고 생각합니다. 저는 다음 8가지 기능을 '원본을 훼손하지 않는 신비한 무기'라고 (주관적으로) 부르며 적극 활용하고 있습니다.

- **셰이프**Shape
- **레이어 스타일**Layer Style
- **고급 개체**Smart Object
- **벡터 마스크**Vector Mask
- **단색 레이어, 그러데이션 레이어, 패턴 레이어**
- **조정 레이어**Adjustment Layer
- **스마트 필터**Smart Filter
- **3D 레이어**

이를 사용하면 확대, 축소, 회전 등의 편집을 수없이 반복해도 원본 화질을 손상시키지 않기 때문에 시행착오가 잦은 UI 디자인에서 든든한 조력자가 될 수 있습니다.

대지를 통한 컴포넌트별 텍스처 관리, 고급 개체의 표시를 동적으로 전환하는 레이어 콤프Layer Comp, 간단한 애니메이션 확인, JSXJavaScript Extend Script(포토샵에서 실행할 수 있는 스크립트 언어) 또는 드롭렛droplet을 사용한 자동화도 가능하다는 점도 큰 매력입니다.

또한 PSD 파일 자체의 사양이 공개되어 있어 외부 서드 파티 프로그램 제작을 위한 플러그인이 풍부하며 어도비 사의 다른 도구에도 손쉽게 대응시킬 수 있다는 점이 특징입니다.

UI 리더는 이러한 점을 고려하여 프로젝트 및 팀에 가장 잘 맞는 도구를 선택해야 합니다.

4.3.3 드로잉 우선순위

다음으로 정해야 하는 규칙은 UI의 드로잉 우선 순위입니다. UI가 다른 요소(3D, 이펙트 등)와 화면에 동시에 표시될 때 어느 쪽을 먼저 그리는지 그리고 서로 다른 UI가 동시에 표시될 때 어느 쪽을 먼저 표시하는지 등을 정해두어야 합니다.

'그런 건 UI 디자이너가 자유롭게 정할 수 있는 게 아닌가'라는 생각을 하는 분도 있을 것입니다. 게임에 따라 엔지니어가 드로잉을 쉽게 제어할 수 있도록 레이어(와 같은 것)를 정의하는 경우가 있는데, 이는 잘못하면 나중에 다른 레이어로 이동시킬 수 없는 상황을 만들기도 합니다. 이러한 문제를 방지하기 위해서는 개발 초기에 UI 파트에서 드로잉 우선순위를 지정하고 기획자 및 엔지니어에게 공유하는 것이 중요합니다.

드로잉 우선순위 예시

먼저 게임 전체 흐름을 고려한 드로잉 우선순위를 정합니다. 실제로는 화면마다 세부 요소의 앞뒤 관계가 생기겠지만 그 전에 먼저 다음과 같은 대략적인 계층 구조를 생각해놓습니다. 상단에 기재된 항목일수록 드로잉 우선순위가 높아 가장 앞에 표시됩니다. 각 계층 안에 배치된 요소는 원칙적으로 다른 계층으로 이동시킬 수 없습니다.

| 인게임

계층 구조	설명
특수	조건에 따라 일시적으로 최상위에 표시해야 할 것을 지정 예: 입력 중인 채팅창
시스템	시스템상 중요한 알림을 표시 예: 오류 메시지, 긴급 공지
중요 연출	게임 진행에 영향을 미치는 중요한 연출 등을 표시 예: 게임 시작, 게임 종료
고유 기능	고유 기능을 가진 풀스크린 화면을 표시 예: 전체 지도, 설정 메뉴
중요 알림	우선순위가 높은 알림을 표시 예: 무기 재장전 알림, 캐릭터 사망 직전 연출
항상 표시	확인 빈도가 높은 정보를 표시 예: 현재 상태, 무기 정보, 미니 맵
일반	기본 요소 표시 예: 캐릭터 정보, 점수 표시
연출	일시적인 정보나 연출을 표시 예: 킬 연출, 입힌 데미지 연출, 컷인
3D 정보	3D 공간과 연동되는 정보를 표시 예: 플레이어 이름, 현재 상태 표시

| 아웃게임

계층 구조	설명
시스템	시스템상 중요한 알림을 표시 예: 오류 메시지, 긴급 알림
연출	일시적인 정보나 연출을 표시 예: 화면 이동 연출, 로딩, UI 이펙트 전반
항상 표시	확인 빈도가 높은 정보를 표시 예: 현재 상태, 도움말
모달	플레이어의 응답을 요구하는 표시 예: 대화창 전체
일반	기본 요소 표시 예: 화면 전체

러프 디자인

준비가 완료되면 본격적으로 러프 디자인 작업을 시작합니다. 기초를 다졌으니 이제 즐겁게 디자인을 진행해보세요!

'2장 콘셉트'에서 작성한 톤 앤 매너와 '3장 프로토타이핑'에서 준비한 프로토타입을 바탕으로 작업을 진행합니다.

러프 디자인의 흐름은 다음과 같습니다.

1. 시인성이 높은 것부터 우선순위에 따라 디자인한다.
2. 실제 입력을 가정해 텍스트 정보를 넣는다.
3. 요소의 레이아웃과 크기를 확정한다.
4. 색상을 디자인한다.
5. 러프하게 디자인을 진행한다.

지금부터 각 단계에 관해 순차적으로 설명하겠습니다.

4.4.1 시인성 우선순위

'3장 프로토타이핑'에서 정보의 우선순위에 따라 각 요소를 어떤 순서로 이용자에게 보여줄 것인지 정합니다. 다음 그림은 캐릭터 선택 화면의 NO 시안입니다.

이러한 UI는 색상 등이 차별화되지 않아 모든 정보가 같은 수준으로 보입니다. 이용자는 어느 부분을 먼저 봐야 할지 헷갈리게 됩니다.

그렇다면 다음 그림은 어떨까요? 시인성 우선순위를 깔끔하게 정리한 OK 시안입니다. 이전보다 어디를 봐야 할지 한눈에 알아보기 쉽습니다.

UI는 이용자가 쾌적하게 플레이할 수 있도록 도와주어야 합니다. 그러므로 중요한 정보는 우선적으로, 그 외의 정보는 단계적으로 이용자가 보고 인식할 수 있도록 디자인합니다.

시인성 우선순위를 디자인으로 구별하는 방법은 다음과 같습니다.

종류	설명
	작은 것보다 큰 것의 시인성 우선순위가 높다.
크기	

종류	설명

어두운 색상보다 밝은 색상의 시인성 우선순위가 높다.

흐린 색상보다 짙은 색상의 시인성 우선순위가 높다.

배경색과 대비가 큰 편의 시인성 우선순위가 높다.

색상

차가운 색상보다 따뜻한 색상의 시인성 우선순위가 높다.

일반적으로 시인성 우선순위가 높아지는 색 조합이 있다.

종류	설명
형태	단순한 형태보다 복잡한 형태가 시인성 우선순위가 높다.
차이	연속된 것 중에 차별화된 것을 포함하면 시인성 우선순위가 높다.
문자	글자와 다른 요소가 함께 있으면 글자의 시인성 우선순위가 높다.
동작	정지해 있는 것보다 움직이는 것의 시인성 우선순위가 높다.

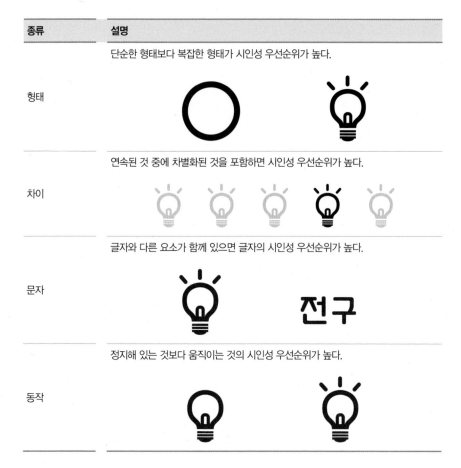

4.4.2 텍스트

다음은 텍스트 정보를 정하는 단계입니다. 이 시점에서 실제 제작을 염두에 두고 폰트 및 크기를 확정해야 합니다.

모든 텍스트는 기본적으로 읽을 수 있어야 합니다. 장식 등을 제외한 의미 없는 텍스트는 읽을 수 없습니다. 게임 UI에서는 텍스트 크기를 1픽셀 변경하는 것도 어려운 경우가 많습니다. 가능하기는 하지만 최적화 등을 고려하면 동적인 구현을 하는 게임에는 부적합하다고 생각하는 것이 좋습니다.

따라서 현재로서는 실제 텍스트 내용을 입력하고 가독성이 확보되어 있는지 확인한 다음 텍스트에 맞게 주변 장식 등의 디자인을 진행하는 것을 권장합니다.

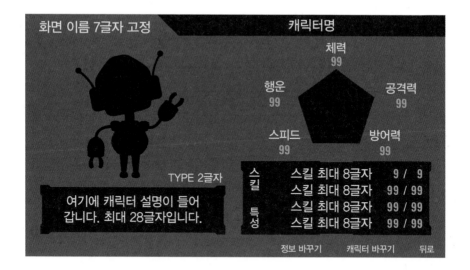

폰트 선택

톤 앤 매너 단계에서 메인 폰트를 대략 결정했다면 이번 과정에서는 세부적으로 사용할 서브 폰트를 포함해 모든 폰트를 확정합니다.

폰트를 선택할 때는 다음과 같은 점에 유의합니다.

- 사용하려는 문자가 포함되어 있는가?(영어, 숫자, 기호도 확인)
- 어느 수준까지의 문자 세트가 포함되어 있는가?
- 주요 고유 명사가 정상적으로 표기되는가?(특히 IP 타이틀은 주의 필요)
- 특정 문자만 강하게 두드러지는 등의 우려할 만한 사항은 없는가?

또한 사용하려는 폰트의 라이선스 범위도 확인해둡니다.

- 배너 등의 이미지에 사용하는 경우
- 게임 클라이언트에 폰트 파일 자체를 내장하여 사용하는 경우
- 폰트에 수록된 글자를 아틀라스화하여 사용하는 경우
- 서버에 폰트 파일을 올려놓고 사용하는 경우

위의 경우는 폰트 저작권사에 따라 각각 다른 라이선스 범위를 갖는 경우가 많습니다. 또한 연간 계약 등 추가 비용이 발생하는 경우도 있으니 반드시 약관을 확인한 후 사용합니다.

다국어를 지원하는 게임인 경우 이 단계에서 로컬라이제이션localization(현지화)을 어느 정도 고려해야 합니다. 자세한 내용은 '6장 레벨업'의 '6.2.2 로컬라이제이션과 컬처럴라이제이션'에서도 설명하겠지만 텍스트는 언어에 따라 그 길이가 크게 달라집니다. 한국어에서는 '네'라는 1글자로 끝나는 단어가 다른 언어에서는 10글자 내외로 늘어나기도 합니다. 이를 고려하지 않고 디자인을 확정해버리면 이후 텍스트가 들어갈 공간이 없는 상황에 빠질 수 있으므로 주의합니다.

게임에서의 폰트

폰트는 디자이너의 강력한 도우미이지만 게임 개발(특히 동적인 텍스트 부분 등 게임 내에 폰트 데이터를 통합하여 이용하는 경우)에서는 사용이 매우 제한됩니다.

제가 지난 프로젝트에서 주로 사용한 폰트는 다음과 같습니다.

- **폰트웍스**fontworks
- **모리사와**morisawa
- **다이나폰트**dynafont
- **어도비 폰트**Adobe Fonts

라이선스는 다양합니다. 한 번 구매하면 무제한으로 이용할 수 있는 구매형 타입, 폰트를 이용하는 사용자 수에 따라 일정한 요금을 지불하는 구독형 타입, 그 폰트를 사용하는 게임이 서비스되는 기간에 따라 일정한 요금을 지불하는 개별 계약형 타입 등이 일반적입니다.

4.4.3 레이아웃과 크기

시인성 우선순위와 텍스트가 확정되면 이를 기반으로 요소의 레이아웃과 크기를 결정합니다. 프로토타이핑 단계에서 대략적인 윤곽이 잡혔을 테니 앞뒤의 흐름도 고려하면서 정확도를 높입니다. 또한 이용자가 조작하는 인터랙션 요소는 특히 주의가 필요합니다. 예를 들면 다음과 같은 것들입니다.

- 버튼이 작아서 누르기 어려움
- 옆 버튼과 거리가 가까워서 실수로 눌러버림
- 다음 조작 대상과 거리가 멀어서 비효율적임

멀티 · 크로스 플랫폼에 대응하는 경우 이 단계에서 다양한 기기 환경을 확인해두는 것이 좋습니다. 자세한 내용은 '6장 레벨업'에서 설명하겠지만 화면 해상도나 컨트롤러, 터치 입력 유무 등에 따라 적합한 레이아웃 및 사이즈가 달라집니다. 예를 들어 모바일에서 터치할 때는 편하지만 TV나 전용 컨트롤러에서는 조작하기 어려운 경우가 자주 발생합니다.

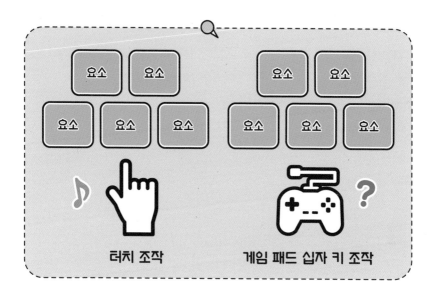

4.4.4 색상 디자인

이어서 색상 디자인을 진행합니다. 톤 앤 매너 단계에서 대략적인 색상 계획은 세웠으므로 이제 그것을 실제 UI 화면에 배치하고 면적 등을 다음과 같이 결정합니다.

1. 톤 앤 매너의 색상 계획에 따라 확정된 색상 요소를 배치한다.
2. 레이아웃과 크기에 따라 면적이 넓은 부분의 색상을 결정한다.
3. 대비색이나 면적이 좁은 부분의 색상을 결정한다.
4. 그레이스케일 상태에서 확인한다.

먼저 톤 앤 매너의 색상 계획이나 UI 규칙에서 정한 컴포넌트를 사용해 색상을 정한 요소를 배치합니다.

그리고 이전 단계에서 결정한 레이아웃과 크기에 따라 면적이 넓은 부분의 색상을 결정합니다. 3D 모델이 대부분을 차지한다면 3D 담당자에게 스크린샷을 전달해 작업을 진행합니다.

이어서 포인트 색상이나 면적이 좁은 부분의 색상을 결정합니다.

마지막 단계에서는 화면 전체를 그레이스케일로 변경해 확인합니다. 컬러 디자인이 잘된 화면은 그레이스케일에서도 그 대비가 잘 드러나는 경우가 많습니다.

앞의 2번부터 4번까지의 과정을 반복하여 앞뒤 흐름과 색상 디자인이 잘 어울리는지 확인합니다. 더 자세한 내용은 '6장 레벨업'에서 설명하겠지만 색각이상을 대응해야 하는 경우 이 시점에서 확인해둘 것을 권장합니다.

4.4.5 러프 디자인

이제 더 구체적인 디자인을 진행합니다. 그러나 아직 러프한 디자인일 뿐이므로 품질에 과도하게 집착하지 말고 속도나 시행착오 횟수에 신경을 씁니다. 무료 디자인 소스나 상용화된 에셋을 사용해도 좋으므로 최종 디자인의 완성도를 상상할 수 있는 러프한 디자인을 목표로 합시다.

러프 디자인의 완성도는 프로젝트 성격이나 리더의 생각에 따라 달라집니다. 몇 가지 기준이 되는 이미지를 준비하고 팀 내부에서 의견을 조율하는 것이 좋습니다. 저는 러프 디자인 과정에서 다음 항목을 충족하면 대체로 만족합니다. 가능하면 UI 이외 파트 담당자의 의견도 들어보기 바랍니다. 이 체크리스트 항목을 모두 충족하면 본격적인 디자인 단계에 들어갈 준비가 된 것입니다.

실제 개발에서는 러프 디자인 상태에서 일단 구현해보는 경우도 있는데 그럴 때는 '5장 구현'을 먼저 읽어보기 바랍니다.

러프 디자인 확인 항목	체크
이용자의 시선을 가장 먼저 끌어야 할 부분이 어디인지 판단할 수 있는가?	☐
게임 플레이의 흐름에 따라 순서대로 정보에 접근할 수 있는가?	☐
모든 텍스트의 가독성이 유지되는가?	☐
한 번에 보여주거나 읽게 하는 정보의 양이 적절한가?	☐
텍스트는 실제 사용하는 폰트로 최대 글자 수를 넘지 않는가?	☐
로컬라이제이션을 할 때 각 언어의 최대 글자 수를 넘지 않는가?	☐

러프 디자인 확인 항목	체크
버튼이나 커서는 이용자가 편안하게 조작할 수 있는 위치에 있는가?	☐
멀티 · 크로스 플랫폼에 대응하는 경우 각 환경에 따라 손쉽게 플레이하기 쉬운 레이아웃인가?	☐
톤 앤 매너의 색상 계획에 따라 색상이 배치되어 있는가?	☐
불필요하게 사용하는 색상 수를 늘리지는 않았는가?	☐
색각이상자를 배려하고 있는가?	☐
실제 디자인에 사용할 때 각 요소의 규모나 연출을 상상할 수 있는가?	☐

그림을 잘 그려야 할까요?

"그림을 얼마나 잘 그려야 하나요?" 가끔 UI 디자이너가 되려면 드로잉 실력이 얼마나 필요하냐는 질문을 받습니다. 저는 다음과 같이 생각합니다.

첫째, 대상을 관찰하는 능력은 필수다.
둘째, 결과물은 디지털 형태로 연습해두는 것이 좋다.

첫째는 기존의 톤 앤 매너를 지키면서 디자인하거나 새로운 디자인을 고민할 때 필요한 스킬입니다. UI 디자인은 2D 그래픽으로 구성하는 경우가 많지만 텍스처나 UI 요소를 생각할 때는 드로잉으로 키울 수 있는 관찰 능력이 매우 유용합니다.

둘째에 대해 설명하자면 이제 종이와 펜으로 결과물을 만드는 것이 중요하지는 않은 것 같습니다. 제가 취업을 준비하던 시절에는 디지털 기술은 입사 후에 배울 수 있으니 학생 때는 아날로그로 그림 실력을 키우라는 조언을 많이 받았습니다. 그러나 최근에는 애플리케이션이나 드로잉 툴이 워낙 잘되어 있어 디지털 도구를 활용해 멋진 디자인을 완성하는 사람도 많습니다. 실제로 그림 실력에 대한 부담감으로 디자인 자체를 포기하는 학생들도 많이 있는데, 이는 매우 안타까운 일입니다.

사실 저도 드로잉에 자신이 없어 종이에 연필로 석고상을 그리는 데생은 큰 흥미가 없습니다. 그래도 UI 디자인으로 먹고살고 있습니다. 지금까지 해올 수 있었던 이유는 위 두 가지를 실천하고자 노력했고, 무엇보다 게임을 좋아해 직접 만들고 싶다는 마음을 잃지 않았기 때문이라고 생각합니다.

독자 여러분도 데생에 자신이 없다는 이유로 디자인의 길을 포기할 필요는 전혀 없습니다. 장점을 살리고 단점을 보완하면서 자신이 좋아하는 것이 무엇인지 진지하게 고민해보기 바랍니다.

4.5 실제 디자인

여기까지 오느라 수고 많으셨습니다! 실제 디자인은 이름 그대로 실제 게임에 반영해 이용자 눈에 비춰지는 실물 디자인입니다. 콘셉트, 톤 앤 매너, 컴포넌트, 프로토타입 및 러프 디자인 과정을 쭉 거쳤기에 여기서 더 신경 쓸 게 무엇이 있는지, 그저 외형적인 품질만 개선하면 되는 게 아닌지 궁금한 분도 있을 것입니다. 게임 UI는 러프 디자인에서 실제 디자인에 이르기까지 몇 가지 주의해야 할 사항이 있습니다. 모두 고객에게 전달하는 제품으로써 필요한 기준에 부합하기 위한 것이므로 마지막까지 긴장의 끈을 늦추지 않고 디자인을 마무리하기 바랍니다.

실제 디자인 과정은 다음과 같습니다. 각 단계를 순서대로 설명하겠습니다.

1. 품질 기준을 정한다.
2. 디자인의 디테일을 보강한다.
3. 게임 규정을 준수한다.
4. 재편집할 수 있는 파일로 백업한다.

4.5.1 품질 기준

먼저 최종 디자인의 **품질 기준**quality line을 정합니다. 부족한 디테일을 얼마나 채워야 알맞은지 UI 리더 및 팀원과 확인하세요. 실제 화면 몇 가지를 확정할 수 있는 상태의 완성도로 끌어올리고 이를 기준으로 벤치마킹하는 것이 좋습니다. '품질'이라는 것이 추상적이어서 와닿지 않을 수 있지만 UI의 경우는 대개 정량화해서 정의할 수 있습니다.

예를 들면 다음과 같은 항목들이 있습니다.

확인 항목	설명
화면 해상도	**해상도 기준이 어떻게 되는가?** 여러 해상도를 지원하는 경우 구성원마다 서로 다른 해상도로 디자인을 확인하면 어떤 기준으로 품질을 판단해야 할지 알 수 없게 된다. 이럴 때는 가장 많은 이용자가 사용하는 환경을 기준으로 디자인하고 최소 해상도에서 글자나 이미지가 깨지지 않는지 확인하는 것을 권장한다.

확인 항목	설명
질감	**입체감 등의 질감은 어느 정도까지 구현해야 하는가?** 단순히 질감을 많이 넣는다고 해서 품질이 높아지는 것은 아니다. 게임의 세계관과 전체적인 밸런스를 조율하려면 어디에서 힘을 빼고 어디에서 강조할지를 조절해야 한다.
꾸미기 정도	**화면마다 어느 정도로 꾸밀 것인가?** 여러 구성원이 디자인하는 경우 화면에 따라 디자인이 너무 단순하거나 과해지는 경우가 있으므로 기준이 되는 정도를 우선 결정하고 그 범위 내에서 디자인하도록 한다.
안티앨리어싱	**안티앨리어싱을 어느 정도로 허용하는가?** 디지털 이미지를 편집할 때 이미지의 경계선 등을 부드럽게 하기 위해 자동으로 안티앨리어싱anti-aliasing 처리가 적용되는 경우가 많다. 그러나 작은 글자나 도트 디자인 부분에 안티앨리어싱을 적용하면 오히려 외관을 해치는 경우가 있다. 이런 경우 수작업으로 일일이 수정할 것인지 일정 수준까지는 허용할 것인지와 같은 규칙을 정해둘 필요가 있다. ユーザー ユーザー
연출	**애니메이션이나 이펙트를 어느 정도로 화려하게 연출하는가?** 연출은 그저 화려하다고 좋은 것이 아니라 전체적인 균형이 잘 맞아야 한다. 물론 어떤 포인트에서는 좋아 보이는 효과를 낼 수 있다. 스틸 컷만으로는 의도를 전달하기 어려울 수 있으므로 필요에 따라 동영상 등을 활용해 팀 전체에서 원하는 정도의 연출 수준을 확인한다.

4.5.2 세부 디자인 마무리

'신은 디테일에 있다'라는 말이 있습니다. 그야말로 UI에 딱 맞는 격언입니다. UI는 예술이라기보다는 디자인적인 측면이 강하기 때문에 미세한 몇 픽셀 차이가 이용자의 편의를 좌우합니다. 이 책에서는 지면 관계로 비주얼 디자인 테크닉은 자세히 다루지 않지만 이 시점에는 디자인을 꼼꼼하게 확인하면서 만족할 때까지 디테일을 채워나가야 합니다.

이번 장의 4.7절에 UI 비주얼 체크리스트를 준비했으므로 디자인 완료 후 꼭 확인해보기 바랍니다.

잘못된 디자인 예시

흔히 발생하는 잘못된 디자인의 예시를 먼저 소개하겠습니다. 초보자나 다른 직종에서 디자이너로 전향한 분은 반드시 걸릴 만한 포인트이므로 한 번쯤 자신의 디자인을 돌아보기 바랍니다.

| RGB 원색을 사용한다

#FF0000(빨간색)이나 #00FF00(녹색) 같은 RGB 원색은 지나치게 튀거나 저렴해 보이는 느낌을 줄 수 있으므로 일부러 의도한 것이 아니라면 최대한 피하는 것이 좋다. #000000(검은색)도 톤 앤 매너에 따라 다르지만 네이비, 브라운, 카본 그레이 등 색상 값을 약간 조정해서 단순한 검정보다 더 풍부한 색으로 표현하는 경우가 많다.

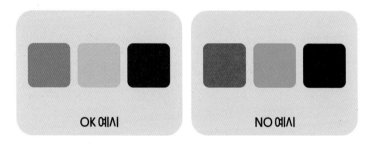

| 둥근 모서리가 일그러져 있다

사각형에서 모서리를 바로 둥글게 변형하면 가로, 세로 비율이 틀어져 보기에 좋지 않다. 반드시 가로, 세로 비율을 유지하면서 모서리를 변형시킨다.

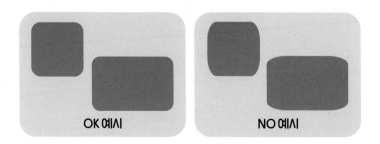

| 둥근 모서리의 비율이 일치하지 않는다

둥근 모서리 사각형을 중첩한 경우 내부 모서리를 외부 모서리보다 날카롭게 해야 한다. 모서리를 맞춘 후 그대로 축소하면 모서리 비율이 틀어지는 것도 주의한다.

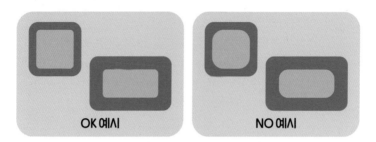

| 자간이 조절되어 있지 않다

폰트의 자간이 가독성을 해칠 경우 수작업으로 조절한다.

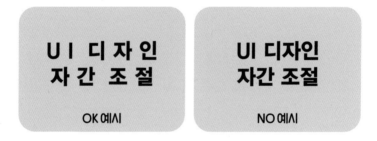

| 알파벳 요소를 남발한다

큰 타이틀 글자 아래에 알파벳을 작게 넣어 장식으로 사용하는 경우가 있지만 과용하면 좋지 않다. 오타를 확인하기 위한 디버깅 작업이 늘어나거나 로컬라이제이션(현지화)하면서 영어 표기가 중복되어 나중에 고생하는 경우가 있다.

4.5.3 게임 규정

여기까지 시각적 요소는 거의 문제없는 수준까지 도달했지만 아직 남은 작업이 있습니다. 바로 게임의 규정을 정하는 것입니다. 게임은 출시하는 플랫폼 등에 따라 지켜야 할 일정한 규칙이 있습니다.

예를 들면 다음과 같습니다.

- 컨트롤러나 버튼 등 전용 하드웨어와 관련된 이미지는 선명해야 한다.
- 로딩하는 일정 시간 동안에는 어떤 정보나 인터랙션을 삽입해야 한다.
- 캐릭터의 노출이나 과한 폭력, 성적인 표현 등을 포함할 경우 사용자 연령 제한을 설정해야 한다.

콘솔 게임이라면 닌텐도, 소니, 마이크로소프트 등 각 회사의 지침에 따른 제작 기준이 있으며 모바일 애플리케이션의 경우에는 애플(iOS), 구글(안드로이드)로부터 출시 전 심사를 거쳐야 합니다. 이를 통과하지 못하면 아예 게임을 출시할 수 없거나 출시 후에도 환불 등의 문제가 발생할 수 있습니다. 대부분의 회사는 게임 규정에 대한 공식 문서를 제공하므로 반드시 사전에 살펴봅시다.

4.5.4 재편집을 위한 파일 백업

마침내 화면 상태의 UI 디자인이 완성되었습니다. 이제 확정된 디자인을 재편집이 가능한 파일로 백업하여 다른 담당자도 수정하기 쉬운 상태로 만들어야 합니다. 이 작업까지 마쳐야 비로소 프로다운 UI 디자이너라고 할 수 있습니다. UI 리더는 팀원이나 협력 업체가 제작한 디자인 원본 데이터도 확인해야 합니다.

재편집이 가능한 파일의 예를 아래에 정리했습니다. 최종 파일이 다음 요구사항을 만족하고 있는지 전체적으로 확인해보세요.

최종 파일 확인 항목	체크
디자인은 모두 벡터 형식이며 확대, 축소, 회전 등 상태를 변경해도 원본이 유지된다.	☐
레이어나 레이어 세트에 알기 쉬운 이름이 붙어 있으며 누구나 이해하기 쉬운 계층 구조로 되어 있다.	☐
레이어는 적절하게 분리되어 있으며 필요한 경우 조정 레이어 등을 사용해 누구나 수정하기 쉬운 구조로 되어 있다.	☐
외부에서 링크한 이미지는 편집 데이터 안에 포함되어 있거나 모든 구성원이 접근 가능한 장소에 보관해 편집이 필요한 경우 누구나 조정할 수 있다.	☐
텍스트는 아웃라인, 래스터 파일뿐만 아니라 편집할 수 있는 상태로도 보존되어 있다.	☐
공통으로 사용되는 요소는 심볼화나 고급 개체 등의 구조로 되어 있으며 원본 파일을 수정하면 그 요소를 사용하는 모든 UI에 해당 변경 내용이 자동으로 반영된다.	☐
파일은 버전 관리가 가능한 환경에 저장되어 있으며 이전 버전의 내용이 확인 가능하고 필요한 경우 롤백할 수 있다.	☐

재편집이 가능한 레이어 구조 예시

다음은 PSD 파일의 레이어 구조 예시입니다. 재편집이 어려운 것이 NO 예시, 쉬운 것이 OK 예시입니다. NO 예시를 보면 이미지가 래스터화되어 있거나 레이어 이름만 보면 어떤 이미지인지 추측하기 어려운 등 후임자(당신이 될 수도 있음)가 재편집하기 어려운 상태로 되어 있습니다.

반면 OK 예시에서는 모든 레이어가 원본을 손상하지 않은 채 편집 가능한 구조로 되어 있어 사양 변경 등으로 크기가 바뀌거나 텍스트 내용을 수정해야 할 경우에도 즉시 대응할 수 있습니다.

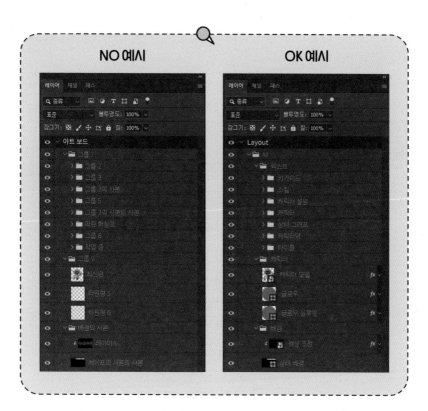

NO 예시

OK 예시

프로그램 버전에 관해

개발에 사용하는 프로그램은 팀에서 버전을 통일하는 것이 좋습니다. 일부 팀원이 다른 버전을 사용하면 새 버전에만 있는 기능을 사용한 파일이 호환되지 않을 수 있으므로 주의합니다.

또한 프로그램이 업데이트되었을 때는 리더가 먼저 사전 검증 기간을 거치는 것이 좋습니다. 업데이트 버전에는 예기치 않은 결함이 숨어 있을 수 있으며, 이를 확인하지 않고 버전 업그레이드를 하면 그동안 정상적으로 편집할 수 있던 파일이 손상되는 등 업무에 큰 지장이 생길 수 있습니다.

저는 포토샵과 같은 널리 알려진 프로그램도 기본적으로 출시 후 1년 이상이 지난 버전을 사용하도록 했습니다.

4.6 동작과 연출

다음은 플레이어의 동작과 연출에 관련된 디자인입니다. '3장 프로토타이핑'에서도 언급했지만 이 부분이 UI, 나아가 게임에서 가장 중요한 부분입니다. 게임은 정적인 영상 작품과는 달리 플레이어가 주도적으로 개입하는 쌍방향 엔터테인먼트이기 때문입니다.

이 단계에서 고려해야 할 내용 및 순서는 다음을 참고하기 바랍니다.

1. 인터랙션 관련 경우의 수를 전부 생각한다.
2. 화면을 전환하는 연출을 만든다.
3. UI 애니메이션을 만든다.
4. UI 이펙트를 만든다.

각 항목에 관해 순서대로 설명하겠습니다.

4.6.1 인터랙션

먼저 조건에 따라 형태가 동적으로 변하는 인터랙션 요소가 있는 부분부터 처리합니다. 예를 들어 버튼의 경우 기본 상태뿐만 아니라 다음과 같은 상태를 고려할 수 있습니다.

- 마우스 오버한 상태(hover)
- 클릭한 상태(press)
- 클릭 후 뗀 상태(release)

- 클릭한 채 버튼 영역 밖으로 나간 후 뗀 상태(cancel)
- 클릭할 수 없는 상태(disable)

버튼 하나만 해도 이렇게 많은 경우의 수가 있으며 여기에 애니메이션 등을 추가하면 검토 항목은 한층 더 늘어납니다. 이런 항목들은 개발 막바지에 이르러서야 비로소 깨닫게 되는 경우가 많고 나중에 큰 부담으로 다가오기도 합니다. 따라서 인터랙션 관련 항목들은 미리 리스트를 작성하여 잊어버리기 전에 처리하는 것을 권장합니다.

버튼 외에도 게임 안의 인터랙션 요소는 무수히 많습니다.

- 현재 상태에 따라 아이콘이 바뀌는 경우
- 이용자가 캐릭터 의상을 바꿀 수 있는 경우
- 남은 체력에 따라 게이지가 증감하는 경우
- 대사 길이에 따라 말풍선 크기가 바뀌는 경우
- 승패에 따라 결과 화면의 디자인이 바뀌는 경우

기획자 및 엔지니어와도 협력하면서 모든 경우의 수를 파악해둡시다.

4.6.2 화면 전환

화면을 전환할 때 사용하는 연출 효과는 잊어버리기 쉬워도 게임 흐름을 따라갈 때 이용자의 몰입을 좌우하는 중요한 부분입니다. 이때는 어떤 전환 방식을 어떤 조건에서 사용할 것인지를 검토하는 것이 좋습니다.

예를 들어 전환 방식에는 다음과 같은 연출이 들어갈 수 있습니다.

- 페이드fade
- 슬라이드slide
- 와이프wipe
- 화이트아웃whiteout, 블랙아웃blackout
- 스핀spin

그리고 연출 조건은 다음과 같은 내용을 고려합니다.

- 아웃게임 또는 인게임 안에서
- 이벤트 장면 안에서
- 특정 메뉴 안에서
- 화면에 들어갈 때 또는 화면을 떠날 때

화면 전환은 UI 디자이너가 단독으로 결정하는 것이 아니라 효과 담당자나 엔지니어의 협력이 필요할 수도 있습니다. 하고 싶은 연출이 있다면 이들과 사전에 협의하는 것이 좋습니다.

4.6.3 애니메이션 연출

UI에 애니메이션을 넣으면 조작할 때 기분이 좋아지거나 로딩 대기 시간을 짧게 느끼게 할 수 있어 매우 중요합니다. 애니메이션은 매우 심오한 분야이며 전문 서적도 많으니 자세한 내용은 해당 서적을 참고하기 바랍니다.

UI에 애니메이션을 적용할 때 고려해야 할 주요 포인트는 다음과 같습니다.

포인트	설명
프레임 속도	UI 애니메이션의 프레임 속도는 몇 fps인가? 가변 프레임 속도인 경우 fps의 최솟값과 최댓값은 얼마인가?
구현 제약	애니메이션을 적용할 때 구현상의 제약이 있는가? (예시) • 동시에 움직일 수 있는 객체 수 • 겹쳐질 수 있는 알파(투명도)가 포함된 텍스처 수 • 하나의 객체에 적용 가능한 키 프레임 수
재사용	한번 만든 애니메이션을 다른 객체에도 재사용할 수 있는가?
속도 조절	애니메이션을 같은 속도 아니면 다른 속도로 변화시키는가? ※ 같은 속도는 체계적인 느낌, 다른 속도는 풍부한 느낌을 준다.
예비 동작	변화를 시작하거나 끝낼 때 예비 동작을 사용하는가? ※ 예비 동작을 사용하면 유기적이고 역동적인 느낌을 준다.
개체의 기준점	회전이나 스케일 애니메이션을 할 때 UI 디자이너가 기준점을 자유롭게 설정하거나 나중에 변경할 수 있는가? 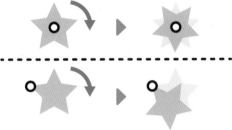

포인트	설명
알파	여러 객체가 겹쳐진 상태에서 알파(투명도)에 애니메이션을 더하면, 각 객체의 불투명도가 각각 독립적으로 변화하는가 아니면 한 덩어리처럼 변화하는가?
사운드	UI 애니메이션의 사운드 지정 및 구현은 어떤 파트에서 담당하는가? 또한 애니메이션 내용을 변경했을 때 사운드 파트에 연락해야 하는가?
제품상의 제약	제품 규정상 금지된 표현이 있는가? (예시) • 격렬한 빛 효과의 깜빡임 • 급격한 화면 전환 • 다른 밝기의 규칙적인 패턴 애니메이션

4.6.4 UI 이펙트

애니메이션과는 별개로 UI 이펙트에 대해서도 고려합니다. 애초에 이펙트는 그 내용이나 표시 위치마다 담당 파트가 달라집니다. 주로 이펙트 전문가나 3D 담당자, UI 담당자가 담당하는 경우가 많지만 UI와 관련된 연출은 UI 이펙트로 표현하는 것이 제어가 쉽습니다. 어떤 파트에서 담당할지 미리 협의해두는 것이 좋습니다.

다음과 같은 이펙트는 UI 파트에서 주로 만듭니다.

- 글자를 사용하는 이펙트
- 모바일 디바이스에서의 터치 이펙트
- 여러 UI를 동시에 그리는 이펙트

반대로 모델과 연결된 이펙트나 파티클 이펙트 등은 다른 파트에서 주로 담당합니다. UI 이펙트 제작 시에는 오브젝트를 한꺼번에 대량 생산하거나 광범위하게 그리는 작업 등으로 인해 프레임 속도가 낮아지는 과부하 문제가 발생합니다. 이를 방지하기 위해서는 UI 이펙트에 대한 구현 제약 사양도 확인해두는 것이 좋습니다.

디자인 확인 시 파일 형식

디자인의 품질 확인을 요청할 때는 다음과 같은 사항에 유의합니다.

- **압축하면 화질이 떨어지는 형식(JPG 등)은 피한다.**
- **파일 크기가 지나치게 큰 형식(BMP 등)은 피한다.**
- **일반적인 이미지 뷰어에서 표시할 수 없는 형식(AI 등)은 피한다.**

정성스럽게 디자인한 UI인 만큼 누구나 확인하기 쉬운 형식으로 제출합시다. 저는 비교적
파일 크기가 작고 모든 색상을 처리할 수 있는 범용 이미지 형식인 PNG를 사용합니다.

4.7 UI 비주얼 체크리스트

지금까지 디자인 과정을 모두 거치느라 수고하셨습니다! 이번 장을 마무리하면서 'UI 비주얼 OK/NO 예시 모음집'을 준비했습니다. UI 완성물을 확인할 때 참고하기 바랍니다. 실제 UI는 전후 흐름이나 애니메이션, 사운드 등의 연출에 따라 품질이 달라집니다. 스틸 컷만으로는 판단하기는 어려우므로 이 책에서는 다음과 같은 기준에 초점을 맞춰 설명하겠습니다.

1. 어디서부터 봐야 하는지 알 수 있는가?
2. 정보량은 적절한가?
3. 눈이 피로하지는 않은가?
4. 조작 가능한 부분을 알 수 있는가?
5. 여러 번 반복해서 사용할 수 있는가?
6. 하드웨어에 최적화되어 있는가?
7. 일관성이 있는가?
8. 세계관을 지키고 있는가?
9. 제품 품질이 만족스러운가?

각 항목에 대해 왼쪽 페이지에는 NO 이미지와 NO 포인트를, 오른쪽 페이지에는 OK 이미지와 개선 포인트를 설명했습니다. 각 항목의 예시는 별개의 톤 앤 매너로 구성했으므로 원하는 항목부터 자유롭게 읽어도 좋습니다.

4.7.1 체크 ① 어디서부터 봐야 하는지 알 수 있는가?

이용자가 UI를 보고 가장 먼저 어디를 봐야 하는지 확실히 전달하고 있나요? 먼저 **가장 중요한 정보를 이용자에게 확실히 전달할 수 있도록** 합니다. 그러면 두 번째, 세 번째 등으로도 유도할 수 있습니다.

이 예시에서는 좌측 메뉴 가운데 첫 번째 항목인 '미션(ミッション)'의 시인성 우선순위를 가장 높게 하고자 했지만 현재 상태는 그렇지 못합니다.

이 화면의 NO 포인트는 다음과 같습니다.

- 요소 크기가 전체적으로 같다.
- 장식 등을 사용해 요소를 구별할 수 없다.
- 메뉴가 선택할 수 있을 것 같지 않다.
- 배경 그러데이션 때문에 화면 중앙으로 시선이 몰린다.

당장 '무엇을 해야 좋을지' 알 수 없다….

그럼 OK 예시를 보겠습니다. NO 예시와 요소의 내용은 그대로지만 디자인을 변경해 가장 먼저 보여주고 싶은 부분, 즉 '미션(ミッション)' 항목이 명확해졌습니다.

주로 다음 사항을 개선하여 시인성 우선순위를 조절했습니다.

- 요소 크기에 차이를 두어 강조했다.
- 활성 상태의 메뉴에 요소를 추가해 선택할 수 있을 것 같은 느낌을 주었다.
- 배경을 두 가지 색상의 선형 그러데이션으로 만들어 시선이 위에서 아래로 내려가도록 유도했다.

헷갈리는 UI는 이용자에게 큰 혼란을 줍니다. 디테일도 중요하지만 우선은 한눈에 봐도 직관적으로 무엇을 해야 하는지 알 수 있는 디자인으로 만듭니다.

> 시인성 우선순위를 제대로 설계합시다!

4.7.2 체크 ② 정보량은 적절한가?

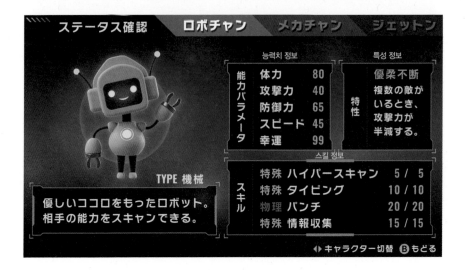

사람의 두뇌가 한 번에 처리할 수 있는 정보량은 그리 많지 않습니다. 이용자에게 많은 정보를 전달하려면 한 번에 표시하는 정보량을 적절히 조절해 원하는 정보를 딱 맞는 타이밍에 제공해야 합니다. 예시 화면에는 텍스트가 매우 많습니다. 다음과 같은 NO 포인트에 주목해보겠습니다.

- 모든 정보가 텍스트로 표기되어 있다.
- 능력치 정보가 숫자로 표기되어 있어 직관적으로 이해하기 어렵다.
- UI 표현을 활용해 정보를 단계적으로 표시하도록 설계되지 않았다.

UI 요소나 정보를 변경할 때는 반드시 기획 파트와 협의하며 진행합니다. 절대로 UI 파트가 독자적으로 판단하고 변경해서는 안 됩니다.

 앗! 화면이 글자투성이야….

이번에는 OK 예시입니다. 정보량은 NO 예시와 같지만 UI 표현을 적절하게 사용해 정보를 단계적으로 얻을 수 있도록 구성했습니다. 구체적으로는 다음과 같은 포인트를 개선하였습니다.

- 게임 플레이에서 의사 결정에 불필요한 정보는 표시하지 않았다.
- 능력치 정보를 그래픽(⬛)으로 표현했다.
- 일부 텍스트를 아이콘(⬛, ⬛)으로 표현했다.
- 상단에 탭 UI를 사용하여 항상 표시하지 않아도 되는 정보를 구분해서 표시했다.

한 화면에 많은 정보를 담으려는 유혹에 빠지기 쉽지만 개발자와 이용자의 관점은 크게 다르다는 것을 잊지 마세요. UI에는 꼭 필요한 정보만 엄선해서 넣어야 합니다.

> 정보의 종류 & UI 표현을 적절하게 구분해서 사용하자!

4.7.3 체크 ③ 눈이 피로하지는 않은가?

UI는 대부분 오랜 시간 집중해서 보는 경우가 많습니다. 따라서 이용자의 눈에 부담을 최소한으로 줄여야 합니다. NO 예시의 UI는 눈이 금방 피로해져 질릴 수 있습니다. 다음 포인트에 주의합니다.

- 모든 요소가 과장되어 있다.
- 색상의 채도가 높고 색상 수가 많다.
- 일부 텍스트와 배경의 대비가 약해 텍스트 정보가 잘 보이지 않는다.
- 그러데이션을 과하게 사용하고 색상 대비가 너무 강하다.

화려한 분위기를 내려고 하면 이렇게 너무 과한 디자인이 되는 경우가 많습니다. 그럼 어떻게 개선하는 것이 좋을까요? 핵심은 '빼는 것'입니다.

이 UI, 복잡해서 눈이 아파~!

요소의 내용이나 크기를 많이 변경하지 않더라도 색상과 대비에 신경 쓰면 시각적인 부담을 크게 줄이고 눈이 편안한 디자인으로 조절할 수 있습니다.

OK 예시의 개선 포인트는 다음과 같습니다.

- 시인성 우선순위에 따라 강조할 필요가 없는 요소는 표현을 줄였다.
- 사용하는 색상 수를 줄이고 채도를 낮췄다.
- 텍스트와 배경색의 대비를 부각시켜 쉽게 인식할 수 있게 했다.
- 그러데이션은 강조하고자 하는 부분에만 사용하고 색상 차이도 줄였다.

디자인은 더하기보다 빼기가 어렵습니다. 화면이 복잡해지면 시인성 우선순위를 다시 확인하고 요소나 색상 수를 줄여보기 바랍니다.

요소나 색상을 너무 많이 늘리지 않을 것!

4.7.4 체크 ④ 조작 가능한 부분을 알 수 있는가?

게임은 이용자가 조작할 수 있는 엔터테인먼트입니다. 따라서 조작할 수 부분, 즉 인터랙션 요소는 어디인지 이용자가 직관적으로 이해할 수 있어야 합니다. NO 예시에는 버튼이나 입력 필드가 포함되어 있지만 정확히 어떤 부분을 조작할 수 있는지 명확하게 드러나지 않습니다.

- 버튼이 누를 수 있을 것 같은 모양이 아니다.
- 상단의 검색창이 입력 가능할 것처럼 보이지 않는다.

UI 디자인에는 그럴듯한 느낌을 주는 것이 필요합니다. 이용자는 경험을 바탕으로 어떤 부분을 누를 수 있을 것 같은지를 판단합니다. 어떻게 시각적으로 표현해야 UI가 '그럴듯하게' 보일 수 있는지 살펴보겠습니다. OK 예시를 확인합시다.

이게 버튼이었구나! 전혀 몰랐네….

크게 변경한 부분은 없지만 '그럴듯하게' 보이지 않습니까? 버튼은 버튼답게, 입력 필드는 입력 필드답게 각각의 디자인 관습이 존재합니다. 이 예시에서는 다음과 같은 포인트에 주의했습니다.

- 버튼에 입체감을 더해 누를 수 있을 것처럼 만들었다.
- 버튼에 화살표 모양을 추가해 다른 곳으로 이동할 것 같이 만들었다.
- 입력 필드와 검색(検索) 버튼의 입체감을 맞춰 연관성이 있다는 인상을 주었다.
- 입력 필드에 플레이스홀더 텍스트(도움말 메시지)를 표시해 어떤 정보를 입력해야 하는지 전달했다.

이 밖에도 아이디어는 얼마든지 있습니다. 다른 게임이나 서비스를 관찰하며 그럴듯하게 만들어낼 수 있는 포인트를 확인해 디자인에 적용해보세요.

조작하기 전에 '그렇게 할 수 있다'는 것을 전달하는 것이 중요!

4.7.5 체크 ⑤ 여러 번 반복해서 사용할 수 있는가?

UI는 반복해서 사용합니다. 게임 흐름에 따라 다르지만 앞으로 10번, 100번, 10000번도 반복해서 사용할 수 있는지 확인해야 합니다. 조작이 번거롭거나 건너뛸 수 없는 장황한 연출 애니메이션 등은 개발자 입장에서는 자칫 가볍게 넘길 수도 있지만 반복해서 플레이하는 이용자의 모습을 떠올리며 엄격하게 확인하는 것을 권장합니다.

예를 들어 다음과 같은 NO 포인트에 주의합니다.

- 매번 장황한 연출의 애니메이션이 재생되며 건너뛸 수 없다.
- 요소 사이의 거리가 멀어서 터치나 클릭 조작이 번거롭다.
- 화면 우측 하단에서 '카드 선택(カード選択)'을 할 때 좌우로만 조작할 수 있어서 원하는 카드의 정보를 확인하는 데 시간이 걸린다.

이런 예시는 어떻게 개선해야 하는지 살펴보겠습니다.

계속 똑같은 걸 반복하니 스트레스야….

반복 사용이 용이한지는 하드웨어나 플랫폼 형태에 따라 다릅니다. 이 예시에서는 다음과 같은 점을 개선했습니다.

- **연출 효과에 스킵 처리를 추가해 즉시 결과를 확인할 수 있도록 한다.**
- **요소와 요소의 거리를 가깝게 하여 터치나 클릭의 번거로움을 줄였다.**
- **요소를 격자 모양으로 정렬해 십자 키 입력으로 원하는 카드를 쉽게 선택할 수 있도록 했다.**

이외에도 '첫 번째와 두 번째 효과를 다르게 처리한다', '플레이어의 현재 상태에 따라 다르게 처리한다' 등과 같은 사양을 적용할 수도 있습니다. 기획자 및 엔지니어와 함께 상의해 이용자 친화적인 UI를 만들어갑시다.

개발 초반부터 고려하는 것이 중요!

4.7.6 체크 ⑥ 하드웨어에 최적화되어 있는가?

최근 게임은 멀티·크로스 플랫폼에 대응하는 것이 일반화되었습니다. 자세한 내용은 '6장 레벨업'에서도 설명하겠지만 출시하는 하드웨어마다 최적의 조작 방법을 적용할 수 있는지 확인해야 합니다. 이 예시에는 다음과 같은 NO 포인트가 포함되어 있습니다.

- Ⓐ·Ⓑ와 △·⬜ 등 실제 컨트롤러와 다른 키 이미지가 뒤섞여 있다.
- 방향 키 이미지와 스틱 이미지가 뒤섞여 있다.
- 마우스 오버 시 나타나는 툴팁 UI는 마우스 조작에는 적합하지만 게임 패드나 터치 화면 조작에는 적합하지 않다.

이럴 때는 어떻게 대응하는 것이 좋을까요? 다음 페이지의 OK 예시를 살펴보겠습니다.

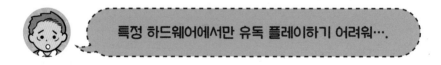

특정 하드웨어에서만 유독 플레이하기 어려워….

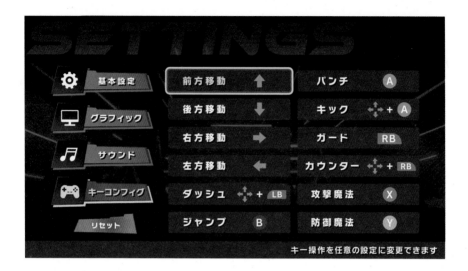

작업 시간이나 예산에 여유가 있다면 각 하드웨어에 최적화된 UI를 각각 디자인하여 플랫폼별로 분리하는 것이 이상적입니다. 그러나 실제로는 그렇게까지 비용을 들이지 않고 최대한 공통으로 사용하는 경우가 많을 것입니다. 그래서 초기 설계가 매우 중요합니다.

이 예시에서는 다음과 같은 포인트를 고려하여 개선하였습니다.

- 키 이미지를 출시 환경에 맞는 이미지로 통일했다.
- 일반적인 방향키 이미지를 사용해 하드웨어별 대응 비용을 줄였다.
- 선택 항목에 대한 도움말 텍스트를 툴팁 UI가 아닌 화면 하단에 표시하도록 변경했다.

하드웨어와 관련된 표시는 플랫폼별로 정해진 출시 규정을 위반할 가능성이 있으므로 주의 깊게 확인해야 합니다.

조작감은 실제 플레이하면서 확인합니다!

4.7.7 체크 ⑦ 일관성이 있는가?

UI는 각각의 흐름 및 화면 안에서 일관성을 유지해야 합니다. 그렇지 않으면 이용자에게 좋지 않은 인상을 심어주고 게임 전체의 이미지 또한 손상될 수 있습니다.

이 예시에는 다음과 같은 NO 포인트가 포함되어 있습니다.

- 아이템 설명 텍스트 어휘에 일관성이 없다.

  (예시)

  맛있는 사과
  아삭 깨물면 원기가 회복된다구!

  섬뜩한 선물
  가끔 내용물이 움직이는 정체를 알 수 없는 상자입니다.

- 아이템 아이콘의 톤 앤 매너에 일관성이 없다.
- 자릿수 0 표시가 뒤죽박죽이다.
- 동일한 정보를 나타내는 UI에서 의미 없이 다른 색상을 사용하고 있다.

텍스트 어휘 등은 기획자와 상의하면서 규칙을 정합니다.

 텍스트도 아이콘도 제각각이어서 조잡해 보여!

OK 예시에서는 다음과 같은 포인트를 개선하였습니다.

- 텍스트의 어휘를 통일했다.

  (예시)

맛있는 사과
아삭 깨물면 원기 회복

섬뜩한 선물
가끔 내용물이 움직이는 정체를 알 수 없는 상자

- 아이템 아이콘의 톤 앤 매너를 통일했다.
- 숫자의 0 표기를 통일했다.
- 동일한 정보를 나타내는 UI의 색상을 통일했다.

이 예시에서는 한 화면 안에서의 일관성만 체크했지만 게임 전체 흐름에도 일관성이 유지되는지 신경 써야 합니다. 품질 면에서 봤을 때 한 화면만 두드러지는 것보다는 전체적으로 잘 어울리는 것이 더 정답에 가까운 UI일 수도 있습니다. 게임 스토리와 구성원의 능력치를 고려하여 게임의 최종 품질을 조정합니다.

세부 화면과 전체적인 흐름 모두에 일관된 톤 앤 매너를!

4.7.8 체크 ⑧ 세계관을 지키고 있는가?

게임 UI는 사용 편의성은 물론 세계관을 일관되게 지키는 것도 중요합니다. 특히 IP 타이틀에서는 이용자가 원작의 세계관에 몰입하면서 게임을 흥미롭게 즐길 수 있도록 디자인해야 합니다.

이 예시의 NO 포인트는 다음과 같습니다.

- **폰트에 통일감이 없고 세계관과도 어울리지 않는다.**
- **각 스테이지의 테마 이미지 느낌이 제각각이고 배경이나 UI의 톤 앤 매너와도 어울리지 않는다.**

세계관을 일관되게 지키는 것은 곧 톤 앤 매너를 지키는 것과도 직결되므로 게임 전체의 톤 앤 매너를 참고하며 새로운 UI를 제작하면 게임의 다른 타이틀을 이어받을 때도 유용합니다. 특히 UI 담당자는 리더가 설정해놓은 톤 앤 매너를 잘 관찰하고 그것을 지키면서 디자인하도록 노력해야 합니다.

품질은 나쁘지 않은데 뭔지 모를 위화감이…

독창성을 중시하는 디자이너일수록 기존의 세계관이나 톤 앤 매너를 맞추는 데 어려움을 겪습니다. 단순히 품질이 뛰어난 디자인을 새롭게 만들 수는 있겠지만 그것이 과연 프로다운 UI 디자이너일까요? 이용자가 원하는 게임 느낌을 낼 수 있나요? 곰곰이 생각해보기 바랍니다.

이 예시에서는 다음과 같은 포인트를 개선했습니다.

- 폰트를 세계관에 맞게 변경했다.
- 각 스테이지의 테마 이미지를 배경과 UI의 톤 앤 매너에 맞추어 변경했다.

세계관은 일반적인 서비스의 UI 디자인에서는 별로 의식하지 않는 부분일 수도 있습니다. 게임이라는 엔터테인먼트이기 때문에 고민할 수 있는 부분이니 재미있게 즐기면서 다양한 시도를 해보세요.

> 세계관이나 톤 앤 매너에 맞지 않는지 의심해보자!

4.7.9 체크 ⑨ 제품 품질이 만족스러운가?

마지막으로 결과물이 제품으로서 만족스러운 품질인지 확인합니다. 이 부분을 통과하지 못하면 게임을 출시할 수 없습니다. 플랫폼에 따라 세부적인 규칙이 정해져 있기도 하므로 리더라면 특히 개발 초기부터 이를 의식하고 있어야 합니다.

이 예시에는 다음과 같은 NO 포인트가 포함되어 있습니다.

- **영어 텍스트에 스펠링 오류가 있다.**
- **메뉴의 '설정(オプション)' 항목이 안전 영역**safe area **밖에 나와 있다.**
- **저작권**copyright **표기가 누락되어 있다.**
- **배경 이미지의 해상도가 낮아 화질이 깨진다.**

여기까지 왔다면 완성까지 한 걸음 남았습니다. 끝까지 방심하지 말고 조정해봅시다!

이 상태로는 출시할 수 없다!

이 예시에서는 다음과 같은 포인트를 개선했습니다.

- 철자 오류를 수정했다.
- 중요 요소가 안전 영역에 맞게 배치되도록 조정했다.
- 저작권 문구를 기재했다.
- 배경 이미지가 깨지지 않도록 해상도를 조정했다.

고생하셨습니다! 이로써 'UI 비주얼 체크리스트'를 모두 살펴봤습니다. 이번 절에서는 시각적인 부분만 점검했지만 실제로는 게임 앞뒤의 흐름이나 각종 요구사항, 요소 구성 등에 따라 다각도로 확인이 필요합니다. 마지막으로는 이용자의 플레이 실적이 UI 최종 평가가 되기 때문에 출시 후에도 이용자 반응을 지켜보면서 조정을 반복해 더 나은 UI로 업그레이드해야 합니다.

프로로서 지켜야 할 품질이 있습니다!

4장
디자인 정리

일단 기초 작업부터 철저히!

디자인 작업을 바로 시작하지 말고 사용할 디자인 도구나 팀 내 규칙 등 사전 준비를 합니다. 게임 개발은 대개 오래 걸리는 경우가 많습니다. 기초를 단단히 세워놓으면 여러 구성원이 참여해도 굳건하게 견딜 수 있는 강한 팀을 만들 수 있습니다.

차분히 단계별로 작업 진행하기!

UI 디자인은 세세한 요소가 많기 때문에 지엽적인 디자인만 추구하려는 유혹에 빠지기 쉽습니다. 하지만 이를 참고 '러프 디자인 → 실제 디자인 → 동작 및 연출' 순서대로 디자인 과정을 진행하면 수정 작업을 최소한으로 줄일 수 있으며 최종 결과물을 다듬는 데 드는 시간을 확보할 수 있습니다.

신은 디테일에 있다!

마지막으로, 시간이 허락하는 한 품질 향상에 비용을 투자하는 것이 좋습니다. 이렇게 쌓아 올린 작은 정성 하나하나가 반드시 이용자에게 전달됩니다. UI는 여러 번 반복해서 사용하기 때문에 세세한 사항까지 신경을 써야 이용자의 플레이 경험과 게임 전체의 품질을 높일 수 있습니다.

> **1 픽셀에 까다롭게 집착하자.**
> **영혼을 불어넣은 수작이 이곳에 있으리!**

CHAPTER
5

구현

UI는 '구현'된 후에야 비로소 사용할 수 있습니다.
이는 프로그래밍과도 밀접하게 관련되어 있으므로
엔지니어와 함께 개발을 진행합시다.
책상 위에서 만든 디자인이 실제로 게임에서 움직이며
이용자가 사용하는 모습을 보는 것은 정말 감동적인 일입니다!

5.1 구현 시작

저는 게임 개발에서 구현이 가장 재미있는 부분이라고 생각합니다. 물론 디자인을 고민할 때도 매우 설레기는 하지만 그것은 아직 그림 상태의 모티브일 뿐입니다. UI가 게임 내에 구현 되어야만 비로소 이용자가 직접 만질 수 있기 때문입니다. 즉, UI를 구현한 후 다듬는 과정이 비로소 진짜 UI 디자인이라 말할 수 있습니다.

구현 작업에는 숫자를 가지고 계산하는 일이 많습니다. 인터랙션 요소가 포함되는 경우에는 프로그래밍도 해야 하기 때문에 엔지니어와의 협력이 중요합니다. 데이터를 전달만 하는 것이 아니라 일심동체라는 생각으로 서로 협력해야 합니다.

또한 UI 파일을 가지고 기획자가 입력값 조정 등을 하는 경우도 있습니다. 따라서 작업을 잘 분담하고 서로 방해하지 않도록 진행합니다.

중요한 것은 UI 디자이너가 주체적으로 구현에 관여한다는 자세를 갖는 것입니다. 그렇게 해야 팀 개발이 쉬워지고 확장성이 높아지며, 결과물을 다듬는 데 충분한 시간을 할애하는 등 여러모로 좋은 점이 많습니다.

숫자나 프로그램을 어려워하는 분이라도 일단 흥미가 생기는 부분부터 먼저 시작해보기 바랍니다. 이미 구현 경험이 풍부한 분은 이번 장을 읽으면서 더 높은 수준을 목표로 삼을 수 있을 것입니다. 함께 실력을 키워봅시다!

구현 단계는 프로젝트에 따라 크게 다르지만 대체로 다음과 같은 흐름을 갖습니다. 대부분 엔지니어가 규칙을 정하고 있으므로 보고나 연락, 협의를 통해 효율적으로 진행합시다.

1. 엔진이나 도구 사전 학습
2. 규칙(규제) 확인
3. 구현 데이터 생성
4. UI 기획서 작성
5. 데이터 전달
6. 구현 확인 및 조정

각 단계에 대해서는 다음 페이지부터 자세히 소개하겠습니다.

COLUMN

수학 지식이 필요한가요?

가끔 "UI 디자이너가 되려면 수학 지식이 필요한가요?"라는 질문을 받습니다. 비주얼 디자인 과정과 비교하면 숫자나 계산을 다루는 경우가 많은 것이 사실입니다. 삼각함수나 벡터, 사인 곡선과 같은 용어를 이해하면 UI 애니메이션 등을 구현할 때 도움이 될 수 있습니다.

그러나 오히려 수학 지식보다는 컴퓨터나 소프트웨어의 작동 원리를 공부하는 것이 게임 UI 개발에 더 유용하다고 생각합니다. CPU, 메모리, 하드디스크, 그래픽카드 등의 기본 장치와 제어, 연산, 기억, 입력, 출력 등의 데이터 처리를 위한 기능은 디자이너도 기초 지식으로 알아두면 좋습니다. 그래야 데이터를 효율적으로 생성할 수 있으며 문제가 발생했을 때 대처하기도 쉽습니다.

5.2 사전 학습

먼저 구현에 사용할 환경이나 도구에 대해 알아보겠습니다. 이들은 모두 UI 디자이너의 무기가 됩니다. 처음에는 기능을 대략적으로 살펴보고 어떤 것을 구현하고 구현할 수 없는지를 파악해야 표현의 폭이 넓어집니다. 그리고 리더는 이러한 포인트를 문서화하고 팀원에게 알리는 것도 잊지 말아야 합니다.

5.2.1 게임 엔진

가장 먼저 게임을 움직이게 하는 근간인 게임 엔진에 대해 파악해야 합니다. 게임 엔진은 게임을 만들기 위한 기능이 패키징된 프로그램을 가리킵니다.

유니티
URL https://unity.com/kr

언리얼 엔진
URL https://www.unrealengine.com/ko

일반적으로 유니티Unity나 언리얼 엔진Unreal Engine과 같은 제품이 유명하지만 개발사에 따라 자체 개발한 게임 엔진을 사용하는 경우도 있습니다. 엔진 종류에 따라 UI 구현 흐름도 달라집니다. 대개 패키지 안에 UI를 만들기 위한 도구가 번들로 제공되는 경우가 많으나 외부 도구를 사용하여 구현하기도 합니다.

UI 개발에서는 대개 도구가 다르더라도 비슷한 속성을 다루는 경우가 많습니다. 예를 들어 객체의 위치를 결정하는 '좌표', 회전시키는 '각도', 확대/축소 비율인 '스케일' 등입니다. 이러한 항목들을 기억해두면 도구가 바뀌더라도 개발을 원활하게 진행할 수 있습니다. 처음에는 익숙하지 않은 용어가 많을 수도 있지만 반복해서 설정하다 보면 익숙해집니다.

5.2.2 도구와 플러그인

도구와 플러그인은 개발 효율을 높이거나 기존 도구에 기능을 추가하는 등 유용하게 쓸 수 있습니다. 앞서 설명한 게임 엔진에 설치하거나 외부 도구로 조합해서 사용하는 것, 포토샵 등 기존 애플리케이션에 추가하는 것 등 종류가 다양합니다.

도구와 플러그인도 회사에 따라서는 사내 엔지니어가 자체 개발한 것을 사용하기도 합니다. 내부에서 구현한 것이므로 요청하면 기능 업데이트를 해주는 등의 장점이 있습니다(물론 유지보수를 하지 않는 경우도 있습니다).

다음은 제가 과거 프로젝트에서 활용했던 도구의 예시입니다.

- 이미지 파일의 용량을 줄이는 도구
- PSD 파일을 언리얼 엔진의 II로 변환하는 도구
- 포토샵이 기본적으로 지원하지 않는 파일 형식을 처리하도록 하는 플러그인

CHECK!

무료 소프트웨어 사용 시 주의 사항

인터넷에는 뜻을 가진 사람들이 개발해서 배포하는 무료 소프트웨어나 도구가 많습니다. 그러나 이를 업무용으로 사용할 때는 주의해야 합니다.

일부는 상업적 이용을 금지하고 있거나 비용을 지불해야 하는 경우가 있으며, 무단으로 사용하면 법적인 책임을 묻는 경우도 있습니다. 또한 컴퓨터 바이러스나 스파이웨어 등의 위협에 노출될 위험도 있습니다.

관심 있는 도구가 있다면 개발사가 제공하는 정보나 라이선스 규정을 확인한 후 반드시 프로젝트 관리자나 인프라 담당 부서에 사전 협의 후 설치하는 것이 좋습니다.

5.2.3 텍스처

UI 개발에서는 대부분 2D 이미지 텍스처 데이터를 다룹니다. 단, 게임 엔진에서 다루는 이미지 데이터는 우리가 흔히 알고 있는 JPG나 PNG 파일이 아닌 경우가 있습니다. 새로운 형식의 이미지 데이터를 다룰 때는 반드시 해당 파일의 사양과 특성을 이해해야 합니다.

예를 들어 윈도우 환경에서 개발할 때는 DDS 파일이라는 형식의 이미지 데이터를 처리할 수 있습니다. 이 파일 형식은 압축 방식에 따라 특정한 색상의 수를 줄여버리므로 이미지의 중요한 부분(예: 캐릭터의 얼굴 등)이 사라지기도 합니다. 이러한 경우에는 이미지 형식의 사양을 올바르게 이해하면 적절하게 대처할 수 있습니다.

또한 게임 개발에서는 중간 파일 및 최종 파일이라는 개념도 확인해야 합니다. 실제로 디자이너가 이미지 편집 도구에서 출력한 이미지 데이터를 게임에 그대로 사용하는 경우는 거의 없습니다. 대부분의 경우 이미지 압축 도구나 게임 엔진에서 파일 변환이 이루어지고 그것을 출력한 파일을 최종 텍스처 데이터로 사용합니다. 그렇기 때문에 디자이너가 포토샵 파일을 아무리 수정해도 변경 사항이 게임에 반영되지 않기도 합니다.

UI 디자이너는 개발 과정에서 이미지 파일이 언제 어떤 방식으로 변경되는지 정확하게 파악해야 합니다. 필요한 경우에는 엔지니어에게 문의하며 개발 환경에 대한 이해도를 높이기 바랍니다.

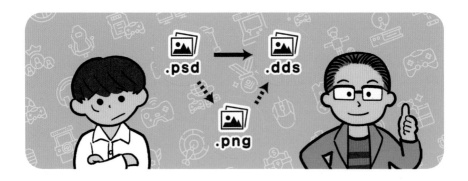

5.3 규칙 확인

앞에서도 다양한 규칙에 관해 설명했지만 UI를 구현할 때는 규칙의 중요도가 훨씬 높습니다. 이를 지키지 않으면 최악의 경우 게임을 출시할 수 없을지도 모르기 때문입니다. 모든 구성원이 이를 확실히 인지하고 자신이 만든 데이터가 규칙을 위반하지는 않았는지 수시로 확인해야 합니다. 이번 절에서는 네이밍 규칙과 데이터 사양에 대해 설명하겠습니다.

5.3.1 네이밍 규칙

프로그래밍 세계에서 '이름'은 매우 중요한 의미를 가집니다. 파일 이름이나 실제 구현 시 지정하는 오브젝트 이름, ID 번호 등이 그 예입니다.

이 이름들은 프로그램을 다루지 않는 파트의 구성원들이 임의로 변경하거나 삭제해서는 안 됩니다. 이를 건드리면 게임이 실행되지 않거나 갑자기 멈추고 의도하지 않은 다른 데이터가 표시되는 등의 문제가 발생하기 때문입니다.

또한 파일이나 오브젝트에 새 이름을 붙일 경우에는 네이밍 규칙을 따라야 합니다. 엔지니어가 네이밍 규칙에 관한 문서를 준비해주기도 하므로 반드시 확인합니다.

프로젝트에 따라서는 UI 리더가 일부 네이밍 규칙을 정의하기도 합니다. 이 경우에는 기존 네이밍 규칙이나 다른 프로젝트를 참고하여 규칙을 만드는 것이 좋습니다. 4.3.1절의 '네이밍 규칙 예시'를 참고하면서 다음 사항도 함께 확인합니다.

규칙 항목	설명
기본 이름	핵심 기능에 따라 이름을 붙이는 것이 좋다. 외형에 따라 이름을 붙이면 디자인 변경 시 이름도 바꾸어야 한다. • OK 예시: Window_Menu(메뉴 창), Icon_Weapon(무기 아이콘) • NO 예시: Window_Left(왼쪽 창), Icon_Red(빨간색 아이콘)
대문자와 소문자	알파벳의 대문자와 소문자는 서로 다른 것으로 인식되는 경우가 많으므로 이름을 지을 때 주의해야 한다. • 예시: User_Interface, user_Interface, user_interface는 모두 다른 것으로 인식된다.

규칙 항목	설명
시작 번호	프로그램상 숫자는 0부터 시작하는 경우가 많으므로 일련번호 등을 붙일 때 주의한다. • OK 예시: Image_000 • NO 예시: Image_001
예약어	게임 엔진이나 프로그램에 이미 등록되어 있는 키워드인 예약어는 이름에 사용할 수 없다.

프로젝트에서 자주 사용하는 용어는 엔지니어가 약어 목록을 제공하기도 합니다. 이 경우에는 해당 내용을 참고하여 이름을 지정합니다.

5.3.2 데이터 사양

구현에 사용되는 데이터가 사양에 맞는지도 중요합니다. 예를 들어 같은 PNG 파일이라도 8비트와 16비트는 처리할 수 있는 정보 양과 데이터 크기가 크게 다르며, 규정 위반 데이터를 사용하면 게임이 비정상적으로 종료되는 등의 문제가 발생할 수 있습니다. 주로 다음과 같은 항목을 확인해야 합니다.

- 파일 형식(확장자)
- 파일 크기
- 파일 개수
- 데이터 사양(출력 시 설정 등)

또한 플랫폼이나 하드웨어에 따라 데이터 상한선 등이 정해져 있기도 합니다. 예를 들어 '한 화면에서 동시에 표시할 수 있는 텍스처는 ○픽셀×○개 이내이다' 같은 제약 사항이 있다면 이 또한 준수해야 합니다.

COLUMN

게임 구현이 가능한 데이터 용량

게임에 구현할 수 있는 데이터 용량에는 한계가 있습니다. 디자인한 데이터를 무한정 넣을 수는 없으며, 게임 전체 및 흐름별로 표시할 수 있는 양이 정해져 있습니다. 이를 초과하면 게임 설치에 시간이 오래 걸리거나 로딩 시간이 길어지는 등의 문제가 발생하므로 주의가 필요합니다.

특히 스마트폰 등의 모바일 환경에서는 데이터 통신량이 많아지면 게임을 쾌적하게 플레이할 수 없기도 합니다. 피처폰(일종의 2G 폰)이 주류였던 시절에는 한 화면에 사용하는 데이터의 총합을 100KB 이내로 유지하는 등의 규칙이 있어 디자이너들은 파일 크기를 줄이기 위해 안간힘을 썼습니다.

앞으로 네트워크 성능이 향상되면 이러한 문제를 더 이상 고민하지 않아도 되겠지만 당분간은 이러한 사항을 유의할 필요가 있습니다.

5.4 구현 데이터 제작

사전 확인 사항들을 파악했다면 드디어 구현 데이터 작성에 들어갈 단계입니다. 이미지 편집 도구 등으로 작성한 디자인 파일을 구현용으로 출력 및 변환합니다. 게임 엔진의 종류에 따라 세부 사항은 다르지만 대체로 공통적인 절차를 따릅니다. 다음과 같은 큰 흐름으로 상상합니다.

1. 게임 엔진에 구현할 데이터를 불러온다.
2. 오브젝트를 구현한다.
3. 인터랙션을 구현한다.
4. 연출을 구현한다.

각각의 과정에 대해서는 다음 페이지부터 자세히 설명하겠습니다.

구현을 진행하는 방식으로는 엔지니어가 임시로 만든 구현물을 디자이너가 조정하는 **엔지니어 중심 패턴**과 디자이너가 데이터의 주요 부분을 만들고 이를 엔지니어가 구현하는 **디자이너 중심 패턴**이 있습니다. 두 방법 모두 장단점이 있으므로 자신의 팀에 맞는 효율적인 방식을 모색하기 바랍니다. 둘 중 어느 하나를 강요하는 대신 각 파트와 협의하며 결정하는 것이 중요합니다. 이번 절에서는 GUI로 UI를 개발하는 도구(그래픽으로 UI 화면이나 부품을 편집할 수 있는 도구)를 사용한다고 가정하겠습니다.

5.4.1 구현할 데이터 불러오기

먼저 게임 엔진으로 구현할 데이터를 가져와야 합니다. 포토샵 등을 사용해 만든 디자인 파일은 먼저 2D 이미지 형태로 내보내야 합니다. 텍스처는 해상도의 크기나 품질에 따라 게임 속도와도 직결되므로 불필요하게 커지지 않도록 주의합니다.

최적의 출력 방식은 엔진에 따라 다르지만 대체로 이미지를 부품별로 한 개씩 내보내거나 여러 이미지를 하나로 모아 내보내는 경우가 많습니다. 후자의 경우에는 보통 2의 거듭 제곱의 텍스처 크기 안에 부품들을 퍼즐 맞추듯이 배치합니다. 이를 **아틀라스화**라고 합니다.

대부분의 게임 엔진에서는 간단한 도형 등은 어느 정도 그릴 수 있는 기능을 함께 제공하므로 이를 텍스처에 포함시키지 않아야 용량을 절약할 수 있습니다. 디자인에 따라서는 부품을 잘게 쪼갠 다음 엔진에 배치할 때 패턴 반복 등을 통해 텍스처 크기를 작게 줄일 수도 있습니다. 완성된 텍스처는 필요에 따라 색을 줄이는 처리를 합니다. 이렇게 데이터 용량을 줄이는 방법에 대해서는 '6.2.7 압축과 리소스 정리'에서도 설명하겠습니다.

텍스처가 준비되었다면 게임 엔진으로 가져오거나 지정한 위치에 업로드합니다. 엔진에 따라서는 파일을 가져올 때 데이터 종류를 명시하면 최적화 작업을 해주기도 하므로 꼭 활용해보기 바랍니다.

5.4.2 오브젝트 구현

이제 구체적인 UI 구현에 들어갑니다. 먼저 UI의 각 오브젝트(객체 요소)를 스크린에 배치하고 속성을 조정해 의도한 대로 UI를 완성시킵니다. UI 개발 도구에 따라 가리키는 이름은 다를 수 있지만 다루는 방식이 비슷하거나 같은 데이터 형식을 가리키는 경우가 많으므로 적절히 바꿔서 읽기 바랍니다.

오브젝트 예시	이름 예시
이미지	Image, Sprite, Graphic, Plane
버튼	Button
텍스트	Text, TextBox, String
텍스트 입력창	TextArea, TextBox, Form, Input
스크롤 바	ScrollBar
프로그레스 바	ProgressBar, Bar, Gauge
컨테이너	Container, Layout, Panel, Group
더미 오브젝트	Dummy, Group

이는 단지 예시일 뿐이며 실제로는 더 다양한 오브젝트가 있습니다. 도구를 익힐 때 어떤 오브젝트를 다룰 수 있는지 파악해두면 효율적으로 개발을 진행할 수 있습니다.

또한 이전 항목에서 언급했듯이 도구에 따라 같은 패턴을 반복하거나 같은 오브젝트에 색상만 달리하는 등 속성을 지정하는 것만으로도 표현의 폭을 넓힐 수 있습니다. 각 오브젝트마다 설정할 수 있는 속성이 다르므로 이 또한 한 번쯤 숙지해두는 것이 좋습니다.

5.4.3 인터랙션 구현

정적 오브젝트 구현을 마쳤다면 이제 **동적 인터랙션**을 구현할 차례입니다. 인터랙션 구현은 엔지니어가 담당하는 경우가 많습니다. UI 디자이너는 동적으로 표시되는 부분이나 디자이너 영역에 해당하는 데이터를 만들고, 해당 파일과 함께 다음 절에서 설명할 UI 기획서를 엔지니어에게 전달합니다.

저는 주로 함수(일련의 동작을 수행하는 프로그램 코드를 묶은 것)를 만들어 UI를 디자이너 의도대로 움직이게 한 뒤 엔지니어에게 해당 함수의 구현을 요청합니다. 이러한 작업 흐름을 따르면 엔지니어가 디자인 데이터를 기다리느라 업무 리소스를 낭비하지 않고 구현 이후의 동적인 부분도 UI 디자이너가 직접 조정할 수 있으므로 매우 효율적입니다. 이어서 구체적인 작업 흐름에 관해 설명하겠습니다.

인터랙션 구현 작업 흐름 예시

과거 프로젝트에서 사용했던 작업 흐름 예시를 소개하겠습니다. 예를 들어 다음과 같은 순서라고 가정합니다.

   1. 버튼을 눌렀다 떼면 다음 단계로 넘어간다.

   2. 버튼이 눌리면 버튼의 모양을 변경한다.

   3. 버튼을 떼면 연출 애니메이션을 재생한다.

여기에서 1번은 엔지니어가, 2번과 3번은 요소의 외형에 관한 처리이므로 UI 디자이너가 담당하면 효율적으로 작업을 진행할 수 있습니다.

다음 그림은 UI 디자이너가 작성한 함수의 예로, 언리얼 엔진 4의 비주얼 스크립트와 자바스크립트 기반 스크립트를 사용했습니다. 이처럼 여러분도 개발 환경에 따라 적절하게 구현해보세요.

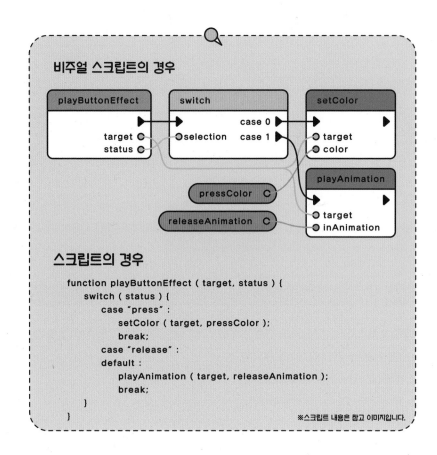

비주얼 스크립트의 경우

playButtonEffect	switch	setColor

- target
- status
- selection
- case 0
- case 1
- target
- color

pressColor C

releaseAnimation C

playAnimation
- target
- inAnimation

스크립트의 경우

```
function playButtonEffect ( target, status ) {
    switch ( status ) {
        case "press" :
            setColor ( target, pressColor );
            break;
        case "release" :
        default :
            playAnimation ( target, releaseAnimation );
            break;
    }
}
```

※스크립트 내용은 참고 이미지입니다.

이 함수를 엔지니어에게 전달한 후 엔지니어가 1번을 처리하면 UI 디자이너가 작성한 함수가 이어서 실행되도록 합니다. 이렇게 하면 요소의 외형을 수정하고 싶을 때 UI 디자이너가 위에서 설명한 함수 내용을 변경하기만 하면 되므로 일일이 엔지니어에게 수정을 요청하지 않아도 됩니다.

이런 작업 흐름의 장점은 또 있습니다. UI 요소를 규칙적인 애니메이션에 따라 움직이는 경우에는 도구를 사용해서 직접 애니메이션을 작성하는 것보다 스크립트로 처리하는 편이 빠릅니다. 이 경우 한번 만들었던 애니메이션을 수정할 때도 스크립트 안의 값만 변경하면 되기 때문에 유지보수하기도 편리합니다. 단, UI 파트에서 이렇게 처리할 경우에는 그 내용에 대한 책임 소재를 명확히 해야 합니다. 프로그램에 대한 지식이 부족한 상태에서 처리하다 예기치 않은 문제가 발생하면 대처하기 어려울 수도 있습니다.

이는 무엇보다 개발 효율을 높이기 위한 수단 중 하나일 뿐이므로 무리하게 시도하지 않도록 주의하기 바랍니다. 각 구성원의 역량 등을 고려해 엔지니어 파트와 협의 후 프로젝트에 적합한 작업 흐름을 구축합니다.

CHECK!

프로그래밍을 공부하고 싶다면

UI 디자이너뿐만 아니라 게임 개발에 관여하는 모든 사람에게 프로그래밍 지식이 있다면 개발을 매우 수월하게 진행할 수 있습니다. 아주 깊게 들어가지 않더라도 변수나 함수 등의 개념을 알고 있다면 매우 강력한 무기가 되므로 반드시 익혀두길 바랍니다. 그러나 처음 접하는 사람에게는 장벽이 높아 좌절하는 경우도 많습니다. 프로그래밍 경험이 전혀 없다면 웹사이트를 직접 만들어보면서 학습하는 방법을 추천합니다.

> 1. HTML(웹 페이지의 요소를 지정하는 마크업 언어)
> 2. CSS(웹 페이지의 스타일을 지정하는 언어)
> 3. 자바스크립트(주로 브라우저에서 작동하는 프로그래밍 언어)
> 4. PHP 등(주로 서버에서 작동하는 프로그래밍 언어)

위의 순서대로 학습을 진행하면 디자이너는 프로그램의 구조를 이해할 수 있을 것입니다. 동시에 웹사이트나 브라우저에서 작동하는 애플리케이션을 만들어 포트폴리오로도 사용할 수 있으므로 두 마리 토끼를 잡을 수 있습니다.

5.4.4 연출 구현

마지막으로 UI 애니메이션과 이펙트 등의 연출을 구현하는 데이터를 만들어봅시다. UI 애니메이션은 보통 프레임의 처음과 끝 위치를 생성하는 키 프레임 애니메이션을 사용하여 구현합니다. 이 또한 프로그래밍 지식이 있다면 복잡한 애니메이션 작업도 할 수 있습니다. UI 이펙트는 키 프레임 애니메이션을 사용해서 만들거나 **파티클 시스템**particle system 기능이 탑재된 전용 도구를 사용하여 만듭니다.

애니메이션과 이펙트 모두 영상 편집 도구 등으로 이미지를 다듬은 뒤 구현용 도구로 전환하는 것이 좋습니다. 구현용 도구에서 곧바로 작업을 시작하면 도구의 기능 제약으로 인해 아이디어의 폭이 좁아지거나 시행착오를 거치는 기간이 길어질 수 있기 때문입니다.

최근에는 애프터 이펙트After Effects와 같이 속성 정보를 그대로 게임 엔진에 가져올 수 있는 플러그인도 다양해졌기 때문에 이러한 것들을 활용하면 '이미지 확인 → 실제 구현' 과정을 원활하게 진행할 수 있습니다.

GUI 도구가 없던 시절의 UI 구현

과거에는 디자이너가 요소를 만들고 레이아웃, 인터랙션, 애니메이션은 모두 엔지니어가 구현하는 방식으로 UI 개발을 진행했습니다. 예를 들어 화면에 배치된 요소의 좌표나 텍스처 아틀라스 안에서의 스프라이트 범위, 애니메이션의 변화량과 프레임 수 등의 정보를 UI 디자이너가 모두 엑셀 등에 기록해서 엔지니어에게 전달합니다. 이것들은 하드코딩(프로그램 내에서 값을 직접 지정하는 것) 영역이라 디자이너가 조정할 수 없었기 때문에 수정이 발생할 때마다 엔지니어에게 요청해야 했습니다.

현재는 대부분의 주요 게임 엔진에 UI 구현 도구가 포함되어 있으며, UI 전용 인하우스 도구를 갖춘 회사도 많기 때문에 이런 방식으로 작업하는 경우는 눈에 띄게 줄었습니다. 그러나 견고한 시스템을 구현해야 하는 산업 부문에서는 지금도 이러한 구현 방법을 사용하기도 합니다.

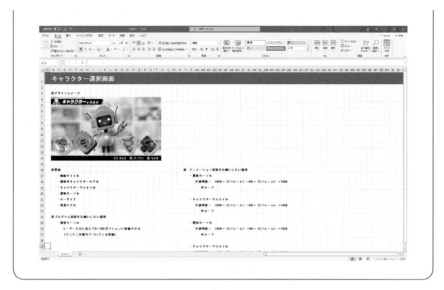

5.4.5 UI 기획서 작성

UI 구현 데이터를 만들었다면 이제 UI 구현 문서를 작성하고 이를 세트로 묶어 엔지니어에게 전달합니다. 혹시 '엔지니어가 알아서 구현해주지 않을까?'라고 생각하고 있나요? 디자이너인 여러분도 같은 말을 들으면 곤란하지 않을까요?

UI의 구현 데이터는 작성자인 UI 디자이너 본인이 누구보다 그 내용을 잘 알고 있습니다 (사실 작성자 본인만 이해하고 있다고 해도 과언이 아닙니다). 따라서 의도한 대로 정확하게 UI를 구현하려면 기획서 작성 과정이 반드시 필요합니다. 한번 익숙해지면 자연스럽게 작성할 수 있게 되니 조금만 더 노력해봅시다!

엔지니어는 전달받은 UI 데이터에서 프로그램으로 구현해야 하는 부분을 알고 싶어 합니다. 정적인 부분이 아니라 동적인(인터랙션이 존재하는) 부분입니다.

예를 들어 다음과 같은 항목을 들 수 있습니다.

항목	명칭 예
이용자의 조작	이용자가 특정한 조작을 하면 무언가를 수행한다. (예시) • 터치, 클릭, 스와이프, 핀치 • 클릭, 더블 클릭, 드래그 & 드롭 • 버튼(키) 입력
특정 조건	특정 조건이 충족되면 무언가를 수행한다. (예시) • 시간 경과(n초가 지나는 경우) • 플래그(특정 아이템을 가지고 있는 경우) • 파라미터(신뢰도가 어느 정도 되는 경우)
동적인 텍스트	상황에 따라 텍스트 내용이 변경된다. (예시) • 이용자 설정 텍스트(플레이어 이름 등) • 파라미터(캐릭터의 상태 등)
동적인 이미지	상황에 따라 이미지가 변경된다. (예시) • 아이콘(상태에 따른 변화 등) • 아바타(이용자가 옷을 갈아입힐 수 있는 등)

주로 UI가 어떤 조건에서 어떤 상태가 되어야 하는지, 그 요소는 어떤 것인지를 엔지니어에게 전달합니다. 구체적인 구현 방법은 엔지니어가 알아서 해줄 것이기 때문에 세세하게 지시할 필요는 없습니다. 다만, 앞으로 변경하거나 확장할 가능성이 있는 부분에 대해서는 공유해두는 것이 좋습니다.

예를 들어 다음과 같은 항목입니다.

- **아직 사양이 확정되지 않은 임시 구현 부분**
- **숫자가 늘어날 가능성이 있는 부분(글자나 숫자 수, 이미지 개수, 파일 크기 등)**
- **파일 종류가 바뀔 수 있는 부분(텍스트 → 이미지 등)**

UI 기획서의 형식은 디자이너가 작성하기 쉽고 엔지니어가 이해하기 쉬운 형식이라면 무엇이든 상관없지만 업데이트가 자주 이뤄질 가능성이 있으므로 버전 관리를 해야 합니다. 저는 컨플루언스Confluence와 같은 사내 위키나 클라우드로 공유하는 엑셀Excel 등으로 전달하는 경우가 많습니다.

5.4.6 UI 기획서 예시

다음은 제가 언리얼 엔진의 언리얼 모션 그래픽 UI 디자이너Unreal Motion Graphics UI Designer (UMG)라는 도구로 UI 개발을 진행했을 당시 작성한 UI 기획서 예시입니다. 이런 문서 형식을 참고해 여러분의 프로젝트에 적용해보기 바랍니다.

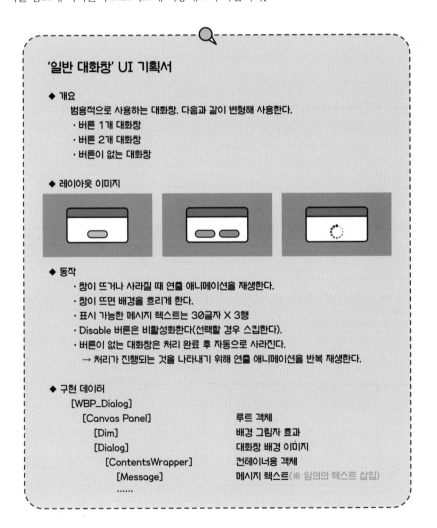

데이터 전달 및 구현 확인

구현 데이터와 UI 기획서 작성을 완료하면 이를 지정된 위치에 업로드하고 구현 담당 엔지니어에게 연락합니다. 구현이 완료되면 제대로 동작하는지 반드시 확인합니다.

5.5.1 데이터 전달

버전 관리 도구를 사용하는 경우에는 데이터를 업로드(커밋)할 때의 규칙을 반드시 지켜야 합니다. 일반적인 규칙 항목은 다음과 같습니다.

- 커밋하기 전에 실제 기기에서 확인한다.
- 1회 커밋당 동시에 업로드하는 파일을 적절하게 배분한다.
- 커밋 시 적절한 코멘트를 작성한다.

위 내용은 규칙의 예시일 뿐입니다. 이러한 규칙은 팀으로 개발을 진행할 때 매우 중요합니다. 리더는 구성원 모두가 이러한 규칙을 준수하고 있는지 주기적으로 확인해야 합니다. 또한 업데이트 내용에 따라서는 실제 기기에서 확인할 수 없는 데이터나 게임이 충돌(비정상 종료)하는 데이터도 있을 수 있습니다.

이러한 데이터를 개발 환경에 그대로 커밋하면 자칫 팀 전체의 업무가 중단될 수 있으므로 엔지니어와 협의하여 로컬에서 데이터를 전달하는 등의 방법도 고려해야 합니다. 일시적으로 구현이 이상해지는 등의 사소한 결함이라면 팀 전체에 미리 공유한 후 커밋을 진행하는 것도 좋은 방법입니다.

5.5.2 구현 확인

엔지니어 측에서 구현을 완료하면 예상대로 동작하는지, 의도와 다른 부분은 없는지를 게임을 실제로 플레이하면서 확인합니다. 기획서를 작성한 기획자와 구현을 담당한 엔지니어가 함께 확인하는 것을 추천합니다. 조정이 필요한 항목이 있다면 정리하고 태스크화합니다.

개발하는 동안은 여러 번 반복하여 구현을 확인해야 하므로 다음으로 설명할 UI 테스트 환경이나 디버그 명령어가 있다면 유용합니다.

UI 테스트 환경

특정 UI만 확인하려는 데 게임을 매번 처음부터 다시 플레이하는 것은 매우 번거롭습니다. 따라서 UI만 단독으로 테스트할 수 있는 환경을 마련해두는 것이 좋습니다.

범용 게임 엔진에서는 UI 디자이너가 자유롭게 테스트 환경을 만들 수 있는 시스템을 제공하기도 하지만 그렇게 하기 어려운 상황이라면 엔지니어에게 요청해보세요.

시행착오를 거듭할수록 UI의 품질을 높일 수 있으므로 반복 테스트를 해도 문제가 없는 환경을 마련하는 것이 중요합니다.

디버그 명령어

게임 개발에서는 효율적인 디버깅을 위해 엔지니어가 디버그 전용 명령어를 준비하는 경우가 많습니다. 예를 들어 '전투에서 바로 이길 수 있는 명령어'나 '소지 금액을 최대로 채우는 명령어' 등이 있습니다.

이러한 기능들은 대개 엔지니어가 필요한 시점에 구현하거나 기획이나 디버깅 담당자가 엔지니어에게 요청하는 경우가 많습니다. UI는 게이지나 숫자의 증감, 이미지 전환 등 모든 패턴에서의 확인이 필요한 영역입니다. 따라서 디버깅 관련 요구사항도 적극적으로 요청해야 합니다. UI 디자이너가 정말 원하는 명령어가 다른 파트에 전달되기 어려울 수도 있습니다. 하지만 약간의 기능 추가만으로도 개발이 훨씬 수월해지는 경우도 많으므로 주저하지 말고 상의하는 것이 좋습니다. 예상외로 "아, 그거 필요했어요!"하고 말하는 구성원이 다른 파트에도 있을 수 있습니다.

이러한 기능들은 개발을 효율적으로 진행하는 데 필수적입니다. 그러나 게임 전체 흐름상에서만 발생하는 버그도 있으므로 어느 정도 개발된 시점에는 게임을 시작부터 종료까지 순차적인 흐름에 따라 확인하는 것이 좋습니다.

사람의 실수를 예방하자!

'사람을 탓하지 말고 시스템을 탓하라'라는 토요타의 유명한 슬로건이 있습니다. 이는 게임 개발이나 UI 디자인에도 적용됩니다. 사람이 개발하는 일은 실수를 피할 수 없습니다. 그러므로 자동화할 수 있는 부분은 자동화로 처리해 사람이 일일이 개입하면서 벌어지는 실수를 최소한으로 하는 작업 흐름을 구성해놓아야 합니다. UI 디자이너가 반복적으로 하는 작업 중에서도 사람의 실수를 예방하는 데 효과적인 항목으로는 다음과 같은 것이 있습니다.

- 정기적으로 작성하는 자료의 규칙 및 규정 위반 사항
- UI에 삽입하는 텍스트 표기나 맞춤법 오류
- 파일명이나 레이어명 등의 이름 변경 작업
- 일괄 자르기, 색상 개수 줄이기 등의 이미지 가공 작업
- PNG나 JPG 등 이미지 변환 작업
- 구현 규정 위반

파일 확인 작업은 운영체제 규정에 따라 자동화로 처리할 수 있으며, 이미지는 편집 애플리케이션에서 감지하고 오류 메시지를 출력하는 등의 방안을 고려할 수도 있습니다. 특정 작업 흐름이나 팀 안에서 실수가 많이 발생한다면 그 작업을 수행하는 '사람'이 문제라고 생각하는 대신 기존의 '방식'에 문제가 있는 것은 아닌지 점검하기 바랍니다.

5.6 폴리싱

UI는 구현한 상태 그대로 한 번에 OK하는 경우가 드물기 때문에 기획과 디자인, 구현 결과를 재검토하는 과정을 반복하며 개선하는 작업을 진행합니다.

애초에 게임 개발은 흐름별로 나누어 작업하는 경우가 많기 때문에 어떤 UI가 어떤 상태로 진행되고 있는지를 같은 UI 파트 안에서도 알 수 없는 경우가 있습니다. 각 UI의 구현 상태를 전반적으로 확인해야 하는 팀 리더라면 특히 개발 막바지에 이르러서야 누락된 곳을 발견하는 상황이 발생하지 않도록 주의해야 합니다.

5.6.1 UI 구현 상태

UI는 기능이나 요소를 세분화하기 쉽기 때문에 전체적으로 얼마나 구현이 완료되었는지 알기 어려운 경우가 많습니다. 따라서 나눠진 각 UI의 구현 상태를 모두가 알 수 있도록 공유해야 합니다. 방법은 다양하게 생각해볼 수 있습니다. UI 목록을 만들어 상태를 기록할 수도 있고, 게임 화면에 '임시'라는 글자를 직접 표시할 수도 있습니다. 팀에 가장 적합한 방법을 생각해보세요.

저는 과거에 진행한 프로젝트에서 다음 방법을 사용했습니다.

1. UI의 구현 상태를 4단계(A/B/C/D)로 분류하여 상태를 정의한다.
2. UI 데이터에 상태를 입력할 수 있는 속성을 설정해둔다.
3. 데이터 커밋 시 최신 상태를 입력한다.
4. 게임 화면상에서 상태가 표시되게 한다.
5. 상태는 디버그 명령어로 표시를 ON/OFF할 수 있게 한다.

이 방법은 UI 파트는 물론 개발에 참여한 모든 구성원이 UI의 현재 구현 상태를 파악할 수 있어 매우 효율적이었습니다. 당시에는 언리얼 엔진을 사용했지만 다른 게임 엔진에서도 유사한 기능을 구현할 수 있습니다. 네 번째 게임 화면상에서 상태를 표시하는 방법은 '6.2.9 확인 흐름 및 피드백'에서도 설명하고 있으니 참고하기 바랍니다.

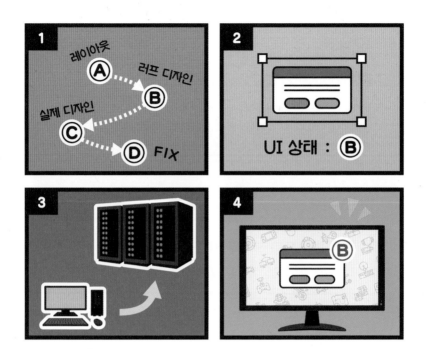

5.6.2 다른 파트와 협업할 때

폴리싱은 무작정 검토하는 것이 아니라 차근차근 계획을 세우고 진행해야 합니다. 가장 먼저 고려해야 할 것은 다른 파트와의 협력이 필요한 영역입니다.

리더는 UI 팀을 제외한 다른 팀의 일정도 고려해야 합니다. 엔지니어 파트에 추가 구현을 요청하려고 하면 해당 팀이 분주하거나, 이펙트나 사운드 파트에 수정을 요청하려고 하면 이미 다른 프로젝트를 진행하고 있을 수도 있습니다(회사 내부에서 게임을 개발하는 경우 매우 자주 일어나는 일입니다). 이러한 일을 방지하기 위해서는 UI 파트에서 해결할 수 없는 영역을 조기에 파악하고 누가, 언제까지, 무엇을 해야 완료할 수 있는지 관계자들끼리 서로 인지하고 확인하는 것이 중요합니다.

특히 엔지니어 파트와의 조율은 필수적입니다. 엔지니어 측에서는 구현을 마치면 '작업 완료'라고 생각할 수 있지만 UI 파트에서는 '구현 이후가 진짜 시작'이라고 생각하기도 합니다. 엔지니어 파트에도 UI 세부 조정을 위한 작업 리소스를 남겨두도록 요청합시다.

CHECK!

그 커밋, 진짜 괜찮나요?

마감 직전에는 많은 구성원이 각자의 데이터를 커밋하면서 개발 환경이 복잡해지는 경우가 있습니다. 이런 타이밍에 자칫 서두르다가 규칙을 위반한 데이터를 커밋하면 게임 자체를 아예 진행할 수 없게 되어 팀 전체에 피해를 줄 수 있습니다. 급할수록 침착하게 커밋 내용을 확인하도록 합시다.

또한 퇴근 직전에 커밋을 하고 동작을 대충 확인한 뒤 퇴근하는 일도 자제해야 합니다. 24시간 디버깅 팀이 상주하는 프로젝트도 있으므로 예기치 않은 동작의 문제가 발생하면 그만큼 디버깅 팀이 압박을 받게 됩니다.

"확실히 동작을 확인한 뒤 데이터를 커밋한다."

이것은 개발의 기본 중 기본입니다. 반드시 기억하기 바랍니다.

5.6.3 FIX 확인

폴리싱을 완료하면 해당 목표 시점에서 요구되는 품질을 만족하는지 확인한 뒤 구현 작업을 완료합니다. 게임 개발 목표 시점은 다음과 같은 단계로 진행되는 경우가 많습니다. 프로젝트에 따라 다르므로 미리 확인하는 것이 좋습니다.

1. 기술 연구 및 검증
2. 프로토타입 버전
3. 알파 버전
4. 베타 버전
5. 마스터 버전

또한 전체 완료(FIX)하기까지의 승인 절차를 명확히 해두는 것도 좋습니다. 언제까지, 누가, 어떻게 UI를 확인할 것인지를 조율하고, 마감일을 역산해 일정을 수립합니다. 예를 들어 상시 품질 확인은 'UI 팀원 작성 → UI 리더 및 기획 담당자 확인'의 절차였다 하더라도 중요한 목표 지점에서는 다음과 같은 담당자들이 확인하는 경우도 있으므로 유의합니다.

- 디렉터
- 프로듀서
- 개발 부서장 등
- 품질 보증 부서 등
- 법무 및 지적재산 부서 등
- 기타 이해관계자

디자이너도 디버거를!

갑작스러운 질문이지만 여러분은 디버거를 사용하고 있습니까? 디버거란 디버깅 작업을 지원하는 도구로, 엔지니어가 주로 사용하지만 디자이너가 활용하는 경우는 별로 보지 못했습니다.

디버거를 잘 다루면 UI 개발 효율도 크게 향상되므로 프로젝트에 여유가 있다면 디자이너도 디버거 환경을 도입하는 것을 추천합니다.

대부분의 개발 환경에서는 예기치 않은 조작이 발생하거나 규정에 위반되는 데이터가 로딩되는 경우 '게임 진행 중지' 또는 '경고 메시지 표시' 등으로 개발자에게 버그의 발생 원인을 알려줍니다.

이러한 상황이 발생하면 대부분은 "앗, 죽었네…"라며 게임을 다시 시작할 것입니다. 그러나 디버거가 있다면 게임이 진행되지 않는 원인을 파악하거나 강제로 진행시킬 수도 있습니다.

5장
구현 정리

사전 학습을 게을리하지 않는다!

구현에 대한 디자이너의 이해도는 사람마다 다릅니다. 그렇기 때문에 팀 전체의 기술 수준을 파악하고 구현에 앞서 충분히 준비해야 합니다. 작업을 너무 버거워하는 팀원이 있다면 업무를 분배하는 것도 하나의 방법입니다. 게임 엔진과 도구의 특성을 이해하는 것은 디자이너에게 강력한 무기가 됩니다.

엔지니어와 소통한다!

구현 단계에서는 기본적으로 엔지니어가 정한 규칙을 따르는 것이 좋고 거기에 디자이너의 요청을 명확하게 전달하는 것도 중요합니다. 서로의 업무 내용을 공유하지 않으면 소통이 어렵습니다. 엔지니어는 무엇이든 해주는 마법사가 아니므로 평소에 원활하게 소통하면서 서로가 서로에게 도움이 되는 워크플로를 만드세요.

시행착오를 반복하자!

UI 디자인에서는 시행착오 횟수가 중요합니다. 수정과 확인에 드는 비용을 최대한 줄이고 그만큼을 품질을 높이는 시간으로 사용하세요. 어떻게 하면 효율적으로 작업을 진행할 수 있는지 파트 전체에서 검토하며 시행착오를 이상적으로 해결할 수 있는 방안을 구축합니다.

설계한 본인이 구현까지 한다면
그 디자인은 한층 빛난다!

레벨업

설계와 디자인, 구현까지 수고 많으셨습니다!
이번 장에서는 게임 UI 디자이너라는 직업을
한층 업그레이드해줄 수 있는 극비 노하우를 알려드리겠습니다.

6.1 레벨업 시작!

지금까지 UI 개발의 전체 흐름을 설명했습니다. 이 흐름을 파악하면 일단 기본적인 UI 디자인 작업은 어렵지 않게 진행할 수 있을 것입니다. 이번 장에서는 더욱 전문적인 UI 디자이너로 거듭나기 위해 알아야 할 내용을 다음과 같이 정리했습니다.

- 개발 기술
- 인력 관리
- 비즈니스

주로 UI 리더를 대상으로 한 내용이지만 미래에 리더를 꿈꾸는 사람이나 UI 이외의 커리어에 관심 있는 분에게도 유용할 것입니다. 게임 개발 전반에 관한 지식을 쌓는 데 도움이 되는 자료로 즐겁게 읽어보기 바랍니다.

C·O·L·U·M·N

검색 스킬을 익힙시다!

정보가 넘쳐나는 현대 사회에서 필요한 정보를 검색하는 스킬은 매우 중요합니다. 학습 진행 과정에서도 먼저 스스로 찾아보는 습관을 기르는 것이 좋습니다.

지식이나 기술뿐만 아니라 디자인에서도 요즘은 좋은 도구나 자료가 많습니다. 러프 디자인 단계에서는 기본 에셋을 활용해 화면을 구성하는 경우도 많습니다. 기존 디자인들을 많이 보고 흡수하여 자신의 무기로 삼아보세요.

다양한 검색 기술이 있지만 제가 꼭 알려드리고 싶은 포인트는 다음과 같습니다.

- 다양한 용어를 사용해서 검색한다.
- 영어로 검색한다(검색 결과의 양과 질 모두 향상됩니다).
- 검색 엔진에 내장된 명령어를 사용하여 검색한다(와일드카드 등).

6.2 개발 기술

앞에서 미처 설명하지 못한, 알아두면 좋은 개발 지식과 기술들을 소개합니다.

- 디자인 관련 담당 업무
- 로컬라이제이션localization과 컬처럴라이제이션culturalization
- 해상도 대응
- 멀티·크로스 플랫폼 대응
- 압축과 리소스 정리
- 색 보정 및 색각이상 대응
- 확인 흐름 및 피드백
- 업무 인수인계

각각 매우 전문성이 높은 분야이기 때문에 이 책에서는 알아두면 좋은 팁 정도로만 설명하겠습니다. 하지만 이를 계기로 흥미를 갖고 더 공부해보기를 바랍니다.

6.2.1 디자인 관련 담당 업무

1장에서 언급한 것처럼 UI 디자이너에게는 2D 그래픽, 웹, 인쇄 관련 등 모든 업무가 쏟아져 들어오는 경향이 있습니다. 간단한 작업부터 고도의 기술이 요구되는 것까지 다양한 작업이 있지만 이러한 스킬을 익혀두면 UI 디자이너로서의 폭도 넓어지므로 적극적으로 도전해보는 것을 권장합니다.

배너

배너는 '깃발' 또는 '플래카드'를 의미하며 광고 역할을 하는 이미지를 말합니다. 게임 안에 게시하여 이벤트나 캠페인으로 유도하거나, 웹사이트의 공지 사항을 전달하는 용도로 사용합니다. 제한된 공간에 정보를 압축해서 넣는 경우가 많으므로 시인성 우선순위를 잘 검토하면서 시각적으로도 끌리는 디자인으로 만들어야 합니다.

타이틀에 따라 다르지만 운영 타입의 게임에서는 이벤트마다 배너를 만들기 때문에 UI 디자이너의 대표적인 고정 업무이기도 합니다.

아이콘

아이콘은 주로 요소를 기호화 또는 간소화하는 것을 말합니다. 게임 안에서의 파라미터를 숫자가 아닌 그림으로 나타내는 등 다양한 요소를 아이콘으로 표현하는 경우가 많습니다.

또한 스마트폰 홈 화면에 표시되는 앱 아이콘도 UI 디자이너의 업무가 될 수 있습니다. 그 아이콘이 무엇을 나타내는지 한눈에 이용자에게 전달해야 하기 때문에 작지만 매우 심도 있는 디자인 중 하나입니다.

로고 타입(일반적으로 로고라고 함)은 주로 문자열을 장식하고 꾸미는 것을 가리킵니다. 게임에서는 타이틀 로고, 이벤트 로고 등을 UI 디자이너가 작성하는 경우가 많습니다. 로고 사용 규정을 정리한 가이드라인 문서를 함께 작성하기도 합니다.

타이틀 로고는 게임의 얼굴이며 프로모션이나 마케팅에서도 큰 영향을 미치기 때문에 제작 시 고도의 전문성이 필요합니다.

프로모션용 홍보물

UI 디자이너는 게임 안에서 구현하는 요소뿐만 아니라 웹사이트 등에 게시하는 프로모션용 홍보물 제작을 의뢰받기도 합니다. 물론 이를 개발 파트나 다른 부서에서 담당하는 경우도 있지만 게임과 다른 규정으로 디자인해야 하거나 마감 기한이 촉박하게 설정되어 있는 경우도 있으므로 사전에 내용을 잘 확인해야 합니다. 이러한 홍보물을 광고 용어로는 '크리에이티브creative'라고도 합니다.

인쇄용 홍보물 및 입고 데이터 작성

프로모션용 포스터나 전단지, 이벤트용 기념품이나 판촉물 등 실제 인쇄물로 출력되는 홍보물 제작 및 입고 데이터 작성을 의뢰받기도 합니다. 인쇄는 디지털 데이터와는 전혀 다른 지식이 필요합니다. 해상도나 CMYK 색상 모드 등의 개념을 모르면 막상 출력하고 실물을 봤을 때 화면으로 본 것과 전혀 달라지는 문제가 발생하기 쉽습니다. 그러나 자신이 만든 디자인이 실제 물건의 형태를 갖추는 것은 매우 큰 기쁨이기도 합니다. 기회가 된다면 적극적으로 도전해보기 바랍니다.

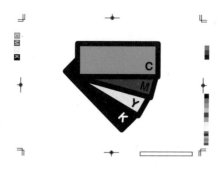

영상 편집과 변환

게임 안에 구현할 영상을 구현 형식에 맞춰 변환하는 사소한 작업부터 영상 편집 도구를 사용한 영상 파일 제작까지 의뢰 내용은 다양합니다. 어도비 프리미어Adobe Premiere나 어도비 애프터 이펙트Adobe After Effects 같은 프로그램을 사용하는 경우가 많습니다. 동영상 편집 기술을 익혀두면 UI 애니메이션이나 연출을 제작할 때도 굉장히 유용합니다.

UI 디자이너로서 경험을 쌓고 리더급이 되거나 대규모 개발 프로젝트에 참여하게 되면 점차 자신이 직접 디자인하는 기회는 줄어들고 다른 구성원의 디자인을 디렉팅하는 역할이 늘어납니다. 또한 외부 협력 업체에 업무를 발주하는 경우도 있습니다. 이때는 의뢰한 작업의 진행 상황을 관리해야 합니다.

다른 팀원에게 지시를 내리거나 자신이 직접 담당하지 않은 디자인에 수정 요청을 하는 것은 익숙해지기 전까지는 쉽지 않습니다. 차라리 혼자 하는 것이 더 빠르다는 생각이 들 수도 있습니다. 그러나 대규모 프로젝트 개발을 혼자서 감당하기란 쉽지 않습니다. 사내외를 포함한 팀원들과 협력하여 안정적인 개발 및 운영 체제를 구축하는 것이 좋습니다.

또한 외부 협력 업체 간에는 계약에 따라 의뢰할 수 있는 업무 범위 및 기간 등이 엄격하게 규정되어 있습니다. 리더는 다음과 같은 계약서를 접할 기회가 많을 것입니다.

- 비밀 유지 서약서(NDA)
- 업무 위탁 계약서
- 발주서 · 발주 요청서
- 견적서
- 납품서
- 검수서
- 청구서
- 영수증

이러한 서류 관련 지식은 초기 단계부터 습득해두면 협력 업체를 선정할 때도 도움이 됩니다. 발주에 드는 비용 등을 파악할 수 있어 업무 진행이 쉬워지므로, 이러한 사무적인 업무들도 귀찮게 여기지 말고 적극적으로 도전해보기 바랍니다.

6.2.2 로컬라이제이션과 컬처럴라이제이션

게임의 로컬라이제이션localization(현지화)이란 다른 언어권의 국가 또는 지역에서도 플레이할 수 있도록 하는 것을 말합니다. 특히 UI의 경우 다국어 지원이 주 업무가 됩니다.

컬처럴라이제이션culturalization(문화화)은 출시하는 국가나 지역의 문화에 맞춰 게임 내용을 변경하는 것을 말합니다. 예를 들어 어떤 국가에서는 허용되는 표현이 다른 국가에서는 허용되지 않기도 하기 때문에 그럴 때는 내용 자체를 조정해야 합니다. 요즘 게임은 다운로드 버전이 주류로 자리잡았기 때문에 국내에서의 출시뿐만 아니라 전 세계를 대상으로 쉽게 뻗어나갈 수 있습니다.

'2장 콘셉트'의 프로젝트 요구사항에서도 언급했듯이 개발 중인 게임을 어떤 국가에서 출시할지 그리고 어떤 언어에 대응시킬지 초기 단계에서 확인해야 합니다. 또한 단순히 언어

로컬라이제이션만으로도 충분한지, 아니면 내용까지 컬처럴라이제이션을 할 것인지 결정하는 것도 중요합니다. 이는 개발 진행 방식이나 일정, 비용에도 큰 영향을 미칩니다. 같은 단어를 사용하더라도 프로젝트 내에서의 이해가 엇갈리는 경우도 있기 때문에 프로듀서나 디렉터 및 다른 파트의 리더와 함께 의견을 조율하는 것이 좋습니다.

6.2.3 로컬라이제이션 포인트

| 구현

로컬라이제이션의 실제 구현 방법에 대해서는 사전에 엔지니어와 확인해야 합니다. 게임 엔진의 종류에 따라 방법이 다르거나 외부 업체에 의뢰하기도 합니다. 이 경우에는 데이터 전달 방법이나 구조의 규정 등을 회사 간에 협의하는 것이 필요합니다.

| 글자 수

언어가 변경되면 같은 의미를 나타내는 단어라도 글자 수가 크게 달라집니다. 예를 들어 다음은 모두 '설정'이라는 단어를 나타냅니다.

- 設定 (일본어)
- SETTINGS (영어)

- 设置 (중국어 – 간체자)
- 設定 (중국어 – 번체자)
- 설정 (한국어)
- EINSTELLUNGEN (독일어)
- CONFIGURACIÓN (스페인어)
- الإعدادات (아랍어)

| 글자 정렬

아랍어 등 일부 언어는 오른쪽 정렬로 표기합니다. 또한 일본식 게임에서는 세로쓰기를 사용하는 경우도 있으므로 주의합니다.

| 폰트

각 언어에 맞는 전용 폰트를 사용합니다. 대형 폰트 제작사라면 게임용으로 사용할 수 있는 타 언어 폰트를 제공합니다. 일부 국가에서는 정부가 권장하지 않는 글꼴을 사용하면 게임을 출시할 수 없는 경우도 있으므로 주의합니다.

| 색상

색상의 의미가 다른 경우도 있습니다. 긍정과 부정 등에 사용할 때 의미가 정반대가 되는 색상 조합은 로컬라이제이션 대상이 됩니다.

| 기호

기호의 의미도 국가에 따라 크게 달라집니다. 특히 법률이나 권리 관계, 종교나 역사와 관련된 것은 민감한 사안이므로 주의합니다.

| 하드웨어

컨트롤러 등의 하드웨어도 버튼의 배치나 의미가 다른 경우가 있습니다. 예를 들어 일본에서는 대개 [○] 버튼이 확인을 의미하지만 일부 나라에서는 [×] 버튼이 확인을 의미하는 경우도 많습니다.

| 원어민 검토

최종 개발물은 현지 개발 회사 등 원어민 담당자에게 검토를 받는 것이 이상적입니다. 언어에 따라서는 정말 올바르게 수정되었는지를 작업한 사람이 판단할 수 없는 경우가 있으므로 디버깅에 소요되는 기간을 고려하여 여유를 가지고 일정을 짜는 것이 좋습니다.

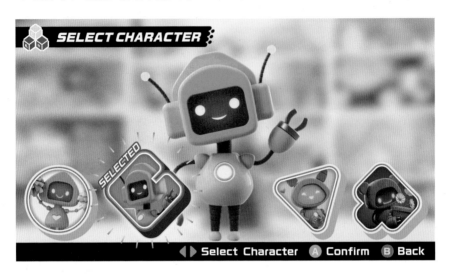

6.2.4 컬처럴라이제이션 포인트

| 구현

컬처럴라이제이션의 경우 게임 내용을 요소 단위에서 변경하는 경우가 많습니다. 그러나 개발 환경 자체를 분리하는 것이 효율적인 경우도 있으므로 해당 데이터를 처리하는 방법 등은 팀 전체에서 상의합니다.

| 역사관

역사나 실존 인물을 다루는 경우 실제 사실에 기반하고 있더라도 국가나 민족에 따라 받아들이는 인식이 다른 경우가 있으므로 주의합니다. 특히 픽션의 경우 더욱 신경 써야 합니다.

| 인종·성별·종교·정치·특정 사상

이 내용들은 민감한 주제 중 하나입니다. 작품에 굉장히 중요한 의미를 가지는 경우를 제외하고는 함부로 다루지 않는 것이 좋습니다.

| 도덕 윤리

사회 통념상 좋지 않게 여겨지는 표현도 많습니다. 특히 성적인 묘사나 폭력적인 표현 등은 국가나 플랫폼마다 세부 가이드라인이 정해져 있으므로 그 범위를 벗어나지 않도록 주의합니다.

| 색상

색에 대한 이미지도 지역에 따라 크게 다릅니다. 어떤 지역에서는 긍정적인 요소에 사용되는 색상이 다른 지역에서는 부정적으로 받아들여지는 경우도 있습니다.

6.2.5 해상도 대응

요즘은 TV나 스마트폰 등 다양한 해상도의 기기들이 출시되어 있습니다. 이용자가 어떤 환경에서 게임을 플레이하는지 알 수 없으므로 어떤 해상도의 기기에서 플레이하더라도 디스플레이에 문제가 발생하지 않도록 대책을 마련해야 합니다.

또한 PC 게임 등은 이용자가 임의로 해상도를 변경하는 경우도 있습니다. 가능한 한 다양한 경우의 수로 확인하는 것이 중요하지만 디버깅에 너무 많은 노력이 들어가므로 어느 정도 우선순위를 정해 대응하는 것이 좋습니다.

| 최소 해상도

얼마나 작은 해상도까지 지원할 것인지 결정합니다. 폰트나 중요한 아이콘이 깨져서 보이지 않는 문제는 치명적일 수 있으니 최소 해상도에서도 시인성이 보장되는지 꼼꼼히 확인해야 합니다.

| 최대 해상도

얼마나 큰 해상도까지 지원할 것인지도 결정합니다. 4K, 8K와 같은 초고해상도 기기가 이미 보급되고 있기 때문에 이러한 경우에 대응하기 위해 벡터 이미지를 사용한 확장 기능 구현도 검토해야 합니다

| 디자인 기준 해상도

최소~최대 해상도를 결정하면 디자인 품질 체크의 기준이 될 해상도를 팀 내에서 정합니다. 일반적으로는 타깃 사용자가 가장 많은 해상도를 기준으로 합니다. 디자인을 확인할 때도 이 해상도로 확인하며 환경의 차이로 이견이 발생하지 않도록 합니다.

| 화면 비율

해당 해상도의 가로세로로 화면 비율을 결정합니다. 이전에는 16:9가 일반적이었지만 최근에는 슈퍼 와이드 등 특수한 화면 비율의 기기에서 플레이하는 이용자도 늘어나고 있기 때문에 이를 고려하여 대응 범위를 결정합니다.

| 오브젝트 배치 기준 위치

화면의 상하좌우에서 오브젝트를 어떤 위치를 기준으로 배치할지 각각 정합니다. 이를 적절히 설정해두면 해상도를 변경해도 오브젝트가 의도한 대로 레이아웃을 따라가도록 할 수 있습니다. 화면 가장자리에 배치하는 경우 슈퍼 와이드 해상도 등에서는 UI의 위치가 심하게 치우칠 수도 있으므로 주의합니다.

6.2.6 멀티·크로스 플랫폼 대응

멀티 플랫폼 대응이란 하나의 게임을 여러 개의 플랫폼에 출시하는 것을 의미합니다. **크로스 플랫폼 대응**은 서로 다른 플랫폼끼리 대전 및 협동 플레이를 하거나 저장된 데이터를 이어 받을 수 있도록 하는 것을 의미합니다. 최근에는 게임 엔진 측에서 대응하는 경우가 많아 개발자가 크게 신경 쓰지 않아도 되지만 여전히 주의해야 할 점이 몇 가지 있습니다.

고유 용어

플랫폼이나 하드웨어별로 고유한 용어를 게임 내에서 사용하는 경우에는 각각 대응하는 내용으로 교체해야 합니다(예: PS 버튼/Joy-con/Xbox 버튼 등).

하드웨어 고유의 이미지

컨트롤러나 버튼 등 하드웨어 고유의 이미지를 게임 내에서 표시하는 경우 교체가 필요합니다. 특히 튜토리얼 등은 이러한 이미지를 많이 사용하는 경우가 있으므로 주의합니다.

제품 요구사항

플랫폼별로 제품 요구사항이 다르며 이를 충족하지 못하는 게임은 출시할 수 없습니다. 여러 플랫폼에서 출시 심사를 진행하는 경우 그만큼 시간이 걸리므로 충분히 여유를 가지고 제출할 수 있도록 합니다.

개발 환경

개발 환경 구축에 비용이 많이 들거나 모든 구성원의 하드웨어 장비를 준비하기 어려운 경우도 있습니다. 리더는 이러한 점을 고려하여 작업 흐름을 구성해야 합니다.

검수 환경

플랫폼마다 점검 절차나 디버그 명령어가 다르기 때문에 어떤 차이점이 있는지 사전에 확인해야 합니다. 또한 카트리지 형식의 소프트웨어에서는 게임 데이터를 실제 매체에 쓰는(예: CD-ROM을 굽는) 작업이 필요하기 때문에 검수를 시작할 수 있을 때까지 물리적인 시간이 소요됩니다.

개발 막바지에는 남은 검수 횟수에 한계가 있는 경우도 있으므로 프로젝트 전체 일정을 고려해 구현을 진행합니다.

디버그

특정 플랫폼에서만 발생하는 결함이 있으면 원인을 파악하는 데 시간이 오래 걸립니다. 다른 프로젝트에서 이미 개발 경험을 한 구성원이 있다면 사전에 '자주 발생하는 버그 항목'을 미리 확인해둡시다.

6.2.7 압축과 리소스 정리

압축은 부풀려진 데이터 등을 적절하게 줄이는 것을 말합니다. 게임을 개발하다 보면 대개 게임 전체의 데이터 용량이 점점 커져서 동작이 느려지거나 로딩 시간이 오래 걸리게 됩니다. 따라서 데이터 다이어트를 주기적으로 수행해야 합니다.

리소스 정리는 데이터를 최적화하는 것을 말합니다. 개발이 장기화되거나 운영을 지속하는 과정에서 데이터 구조가 복잡해지면 개발 비용이 증가하게 됩니다. 따라서 동작은 그대로 유지하면서 구조를 정리하는 작업을 수행합니다.

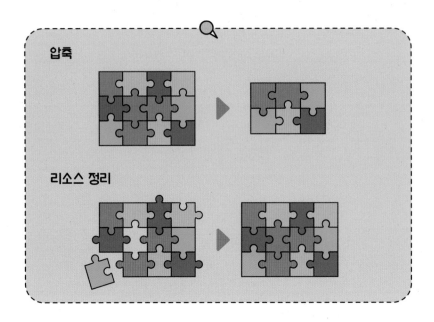

데이터를 압축하고 리소스를 정리하는 것은 유지보수에 필요한 과정이기 때문에 장기적으로 운영할 게임이라면 주기적으로 수행하는 것이 중요합니다. UI 리더는 연간 운영 일정을 수립할 때 신규 구현 작업뿐만 아니라 이러한 작업량도 계획에 꼭 포함시켜야 합니다. 제대로 유지보수되는 환경은 팀의 개발 효율을 크게 높여줄 것입니다.

압축 포인트

압축하려는 목적을 먼저 확인합니다. 예를 들어 로딩 시간을 줄이는 것과 삐걱대는 동작을 부드럽게 하는 것은 그 대처 방법이 다릅니다. 목적이 명확해졌다면 원인이 어디에 있는지를 조사하고 해당 부분에 대한 대책을 수립합니다. 엔지니어들이 자주 사용하는 '부하'라는 용어도 처리 부하, 표시 부하 등의 다양한 변형과 각각 다른 대처 방법이 존재합니다. 이어서 UI에서 자주 사용하는 일부 압축 방법을 소개하겠습니다.

| 색상 감소

텍스처 등의 색상 수를 줄여 데이터양을 줄입니다. 전용 도구를 사용하면 거의 풀 컬러에 준하는 상태를 유지하면서 색상을 줄일 수 있습니다.

| 아틀라스화

여러 개의 텍스처를 한 장의 이미지로 묶어 데이터양을 줄입니다. 게임 엔진에 따라 자동으로 아틀라스화를 해주는 도구가 제공되기도 합니다. 아틀라스화는 개발 비용이 상승하는 경우도 있으므로 실행 여부는 팀 내에서 상의합니다.

| 폰트

사용하는 폰트 수, 폰트 패밀리, 수록 문자 수를 줄여 데이터양을 줄입니다. 또한 기기에 기본으로 설치된 폰트를 사용하여 게임에 폰트 데이터를 포함하지 않는 방법도 검토할 수 있습니다.

| 오브젝트

구현 데이터 안의 오브젝트 수를 줄이거나 속성을 조정해서 처리 부하나 표시 부하를 경감합니다. 알파 정보를 가진 이미지가 대량으로 중첩되어 있는 경우 부하의 원인을 파악한 후 대응하는 경우가 많습니다.

| 재질 활용

재질을 다룰 수 있는 게임 엔진이라면 이미지 텍스처를 추가하지 않고 재질로 표현하여 데이터양을 줄일 수 있습니다. 처리 부하를 고려하면서 활용해보세요.

리소스 정리 포인트

리소스 정리는 주기적으로 시행하는 것이 중요합니다. 리더는 구성원들이 구현한 데이터를 자주 확인하면서 불필요한 부분이나 구조가 복잡해지는 부분을 정리하는 시간을 가져야 합니다. 리소스를 정리하는 방식은 개발 환경에 따라 크게 다르므로 여기에서는 제 경험을 바탕으로 일부 내용을 소개합니다.

| 편집용 데이터

PSD 파일의 용량은 순식간에 거대해지는 경우가 많습니다. 임베디드한 이미지를 외부 참조로 변경하거나 숨겨져 있어 이제 쓰지 않는 디자인 등을 삭제하세요. 버전 관리를 하고 있다면 언제든지 복구할 수 있습니다.

텍스처

모든 것을 풀 컬러로 만들고 있지는 않나요? 밝기 정보만으로도 충분한 경우 적절한 파일 형식으로 다시 저장하면 데이터를 최적화할 수 있습니다.

구현 데이터

작업 편의를 위해 추가한 더미 데이터는 적당히 삭제합니다. 눈에는 보이지 않게 설정되어 있더라도 메모리를 차지하고 있을 수 있습니다.

비주얼 스크립트

여러 사람이 같은 프로젝트를 작업하면 노드가 복잡해지거나 중복으로 생성됩니다. 처리 내용이 바뀌지 않도록 주의하면서 주기적으로 정리합니다.

6.2.8 색 보정 및 색각이상 대응

색이 보이는 방식은 사람, 환경, 장비에 따라 다릅니다. 장비의 경우에는 색 보정calibration을 통해 팀원 모두가 최대한 같은 색감으로 디자인을 확인할 수 있도록 합니다. 또한 최근 주목받고 있는 색각이상에 대한 대응도 마련해두어야 합니다. 특히 전 세계로 출시하는 게임은 다양한 색각을 가진 이용자가 대상이 될 수 있으므로 이 점을 특히 배려해야 합니다.

색 보정

색 보정은 디스플레이에 표시되는 색조를 전용 기기 등을 사용하여 서로 다른 환경 간에 통일하는 작업입니다. 주위 밝기 등도 고려하여 색조를 맞춥니다. 디자인 및 영상 분야에서는 오래 전부터 일반적으로 시행했지만 게임 산업에서는 이를 건너뛰는 회사도 있습니다. 그러나 개발 환경에서 아무리 색조를 풍부하게 표현하더라도 이용자의 환경에서 재현할 수 없다면 아무 의미가 없으므로 어디까지나 '디자인 확인 시의 기준'으로 생각하는 것이 좋습니다.

색각이상 대응

범용 게임 엔진에서는 색각이상에 따라 색감이 보이는 방식을 시뮬레이션하거나 색감을 자동 조정해주는 기능을 제공하는 추세입니다. 특별히 '색'이 중요한 의미를 갖는 게임에서는 이런 도구들을 활용하고 전문적인 검수 기관과 협력을 통해 색상을 설계하는 것을 권장합니다. 프로듀서나 디렉터도 함께 어느 범위까지 폭넓게 대응할 수 있는지 협의하는 것이 좋습니다.

6.2.9 확인 흐름 및 피드백

UI는 게임을 할 때 필히 눈으로 보고 조작하는 것이므로 누구나 의견을 내고 싶어하는 부분입니다. 하지만 아직 임시 구현 단계임에도 불구하고 실제 디자인 수준의 피드백이 들어오면 곤란해집니다. 따라서 이번에는 다른 파트의 팀원들을 안심시키면서 적절한 시점에 관련 의견을 얻는 기술에 관해 소개합니다.

팀 내부에서 UI 점검 및 승인 흐름을 정해야 합니다. 게임 내용에 따라 전체를 골고루 진행하는 경우와 부분적으로 진행하고 마지막에 전체적으로 조정하는 경우가 있습니다. 각각의 경우에 적합한 흐름이 다르기 때문에 프로젝트 구조를 고려해서 함께 검토합니다.

또한 테스트 플레이 등 팀 내외에서 폭넓게 확인을 받고자 할 때는 다음과 같은 절차를 따릅니다.

1. UI의 구현 상태와 상태별 체크리스트를 사전에 공유한다.

2. 게임을 실제로 플레이하고 의견을 수집한다.

3. 접수된 의견을 관리하기 쉬운 카테고리로 분류한다.

4. 카테고리 안에 있는 의견을 '긍정, 부정, 기타 의견'으로 분류한다.

5. 각 의견에 우선순위를 부여하고 중복되는 것은 우선순위를 높인다.

6. 우선순위 순으로 정렬한 다음 각각의 대응 범위를 디렉터와 함께 결정한다.

UI에 대한 의견은 세부적인 내용까지 많은 양이 전달되는 경우가 많고 그 중에는 다소 추상적인 내용도 포함될 수 있습니다. 위와 같은 방식으로 세세하게 검토하면 문제를 유형별로 구분하고 중요한 이슈를 놓치지 않고 대응할 수 있습니다.

중요한 것은 대응하는 문제 항목에는 대응 방침을, 대응하지 않는 문제 항목에 대해서도 그 이유를 댓글로 달아 의사 결정 기록을 남기는 것입니다. 이렇게 함으로써 이후 비슷한 의견이 나왔을 때도 마지막까지 흔들리지 않고 개발을 진행할 수 있습니다.

UI 구현 상태 예시

◆ **A 단계** 완성도 80% 이상
폴리싱에 들어간 상태. 게임 전체의 마무리를 보면서
FIX를 향해 세부 조정을 수행하는 단계.

◆ **B 단계** 완성도 50% 이상
색감, 배치는 결정. 메인이 되는 장식은 반영되어 있어
최종 느낌이나 장식 볼륨을 상상할 수 있는 상태.
애니메이션도 어느 정도 정확하게 구현되어 있다.

◆ **C 단계** 완성도 30% 이상
대략적인 레이아웃이 정해지고 색감은 방향성만 결정된 상태.
디자인은 임시 이미지나 대략적인 형태 정도만 반영되어 있다.
애니메이션은 최소한만 구현되어 있다.

◆ **D 단계** 완성도 30% 미만
기능만 구현되어 있고 색상이나 형태도 임시로 들어간 상태.
화면 안에서의 대략적인 배치만 정해져 있다.
형태도 단순한 사각형 등.

테스트 플레이 코멘트	
멋이 없다…	대응 필요
이전보다 훨씬 사용하기 쉬워진 것 같다. 타격감이 좋다!	유지
개인적인 취향이지만, 직전 버전의 것도 좋았다.	감상
러프 디자인 OK. 실제 디자인도 기대됩니다!	유지
효과에 조금 더 신경 쓰면 좋겠다…	대응 필요
남은 탄환 수를 보기 어렵다. 색감이나 위치를 조정하면 좋겠다.	대응 필요

UI와 관련해 자주 받는 코멘트와 그 대응 방안을 예를 들어 소개하겠습니다.

코멘트 예시	대응 방안 예시
뭔가 이상하다	● 이상함을 느끼는 부분에 대한 의견을 듣고 문제를 파악한다. ● '기능', '비주얼', '조작감' 등의 카테고리별로 문제를 분류하여 하나씩 해결한다.
촌스럽다 멋지지 않다	● 그렇게 느끼는 부분에 대한 의견을 듣고 해당 부분이 실제 타깃 이용자에게도 같은 느낌인지 디렉터와 상의한다. ● 벤치마킹한 작품이 있다면 공유하여 참고할 만한 포인트를 찾아내 적용한다.
눈이 피로하다	● 밝기나 대비를 재검토한다. ● 요소나 텍스트 크기, 분량을 재검토한다. ● 강렬한 애니메이션이나 연출 효과를 재검토한다.
어수선하다	● 기획자와 상의하여 요소의 양을 재검토한다. ● 적당히 여백을 준다. ● 형태, 크기, 색상 등의 비주얼 요소를 조정하여 통일성을 유지한다.
○○처럼 해달라	● '○○'의 어떤 부분을 적용하고 싶은지 본질적인 요점을 취합한 후 이를 반영한다.
다른 패턴도 보고 싶다	● 방향이 전혀 다른 경우를 제시한다.
이것이 FIX입니까?	FIX를 예상하는 경우 ● 아직 FIX로 인정하지 못한다는 의사 표현이 많은 것이므로 구체적인 말로 의견을 받는다. FIX를 예상하지 않는 경우 ● 현재 상태를 전달하고 해당 시점에서 지적해야 할 부분에 대한 의견을 받는다.

6.2.10 업무 인수인계

업무 인수인계는 팀 개발에서 피할 수 없는 문제입니다. 자신이 인수인계하는 쪽이 될 수도 있고 받는 쪽이 될 수도 있습니다. 여기까지의 내용을 잘 따라왔다면 기본적으로는 인수 인계하기 쉬운 데이터가 만들어져 있을 것입니다. 주로 다음과 같은 점에 유의하면 좋습니다.

데이터 정리 및 문서화

자신 외의 다른 구성원이 보더라도 한눈에 알아볼 수 있는 데이터로 정리합니다. 그리고 데이터나 작업 흐름에 관한 제안은 문서로 정리하여 공유합니다. 데이터는 로컬 환경에 남기지 말고 다른 담당자들이 확인할 수 있는 곳에 모두 업로드해 놓습니다.

바톤터치 타이밍

적어도 2주 전, 가급적이면 한 달 전에는 자신이 아무것도 하지 않아도 일이 돌아가는 상태로 만들어두어야 합니다. 특히 리더급이 교체되는 경우라면 더더욱 중요합니다. 팀에 재직하는 동안에는 일부러도 아무것도 하지 않는 상태를 만들어 불규칙한 상황에 대비하도록 합니다.

인수인계 이후 또는 긴급 상황 발생 시 연락망

새로운 연락망을 마련해둡니다. 부득이한 상황에 어디로 연락할 수 있는지, 그 연락처는 어디인지 확인합니다.

6.3 인력 관리

다음으로 UI 디자인과 관련된 구성원에 대해 살펴봅니다. 게임 개발은 기본적으로 팀 플레이이며, 개발 일에 종사하는 경우라면 더욱 그렇습니다. 특히 요즘 게임은 개발 규모도 커져서 다양한 생각과 기술력을 갖춘 구성원들과 오랜 개발 기간을 함께 보내게 됩니다.

따라서 **휴먼 스킬(소프트 스킬)**이 중요합니다. 팀 내에서 좋은 인간 관계를 유지하면 개발을 원활하게 진행할 수 있으며 이는 결과적으로 게임 품질 향상으로 이어집니다. 이번 절에서는 특히 다음과 같은 구성원들에 대해 다뤄보겠습니다.

- 기획자
- 엔지니어
- 디자이너
- QA·테스터
- 이해관계자
- 이용자

게임을 플레이하는 것은 사람이지만 만드는 것 또한 사람입니다. 개발 팀이 즐거운 마음으로 만든 게임은 직접 표현하지 않더라도 플레이어에게 그 감정이 전해집니다. 특히 운영 타이틀은 그러한 경향이 더욱 두드러집니다.

중요한 것은 동료의 업무 내용에 관심을 갖고 상대방의 입장에서 일을 생각해보는 것입니다. 저도 노력하고 있습니다. 함께 열심히 해봅시다!

6.3.1 기획자

게임을 재미있게 만들기 위해 심혈을 기울이고 앞장서서 구성원들을 이끄는 것이 **기획자**입니다. 조직에 따라서는 모든 멤버가 기획을 담당하는 경우도 있습니다.

UI 디자인은 기획자와 반드시 협력해야 합니다. 기능적인 요구사항은 기획 파트, 디자인 부분의 요구사항은 UI 파트가 각각 책임을 분담해 긴밀하게 소통하면서 개발을 진행합니다. 또한 이용자의 시선을 유도하는 디자인 등 양쪽 모두가 담당할 수 있는 업무에 대해서는 미리 역할을 명확히 구분해두는 것을 추천합니다.

UI를 정할 때는 양쪽 의견이 충돌하는 경우도 있습니다. 기획자의 의도를 이해하면서 UI 전문가로서 제안해야 하는 상황에서는 제대로 토론하며 이용자에게 더 나은 아웃풋을 목표로 하는 것이 이상적입니다.

6.3.2 엔지니어

기획을 기반으로 게임의 시스템이나 로직을 구축하는 사람을 **엔지니어** 또는 **프로그래머**라고 부릅니다. 프로그램 구현은 물론 개발 환경 선택, 유지보수 및 운영, 보안, 데이터 백업, 게임 성능에 이르기까지 폭넓은 범위를 책임집니다.

UI 구현에는 일등공신이지만 개발 과정에서 많은 부담을 받는 파트 중 하나입니다. 숫자나 프로그램에 취약한 사람은 먼저 엔지니어가 밤낮으로 어떤 것과 싸우고 있는지를 알아보는 것부터 시작해보세요.

일상적인 대화를 통해 신뢰 관계를 구축하면 데이터 처리 등을 부탁할 수 있는 범위가 넓어집니다. 서로의 부담을 줄일 수 있는 작업 흐름을 모색하고 품질 향상에 시간을 들일 수 있도록 평소에 자주 소통하는 것을 권장합니다.

6.3.3 디자이너

이번에는 **UI 디자이너**뿐만 아니라 3D, 이펙트, 아트 디렉터 등 시각적인 부분을 담당하는 디자이너(아티스트)와의 관계에 대해 다룹니다.

디자이너 간에는 서로 이해할 수 있는 부분이 많은 반면 의견 충돌도 잦습니다. 그럴 때를 대비해 의사 결정의 흐름이나 지시 체계는 명확하게 설정해두는 것이 좋습니다. UI는 비주얼 디자인뿐만 아니라 로직도 포함되는 분야입니다. 프로젝트에 따라서는 아트 디렉터와 UI 리더를 한 명씩 배치하거나 UI 파트를 기획 팀에 배치하기도 합니다.

모든 게임 흐름에 관여하는 UI 파트는 전체 비주얼의 작업 흐름을 전체적으로 조망하면서 디자이너들이 작업을 원활하게 진행할 수 있도록 유도하는 것도 좋을 것입니다. 이는 결과적으로 게임 품질 향상으로도 이어질 수 있습니다.

6.3.4 QA/테스터

QA란 품질 보증Quality Assurance을 의미하며 주로 이용자 관점에서 게임의 품질을 점검하고 프로그램의 동작, 안전성, 안심, 쾌적한 동작 환경을 이용자에게 보증하는 업무를 맡습니다.

반면 **테스터**는 프로그램의 디버깅(결함을 검사하는 것), UX 관련 및 불합리한 테스트, 파라미터 점검, 취약점 진단 등을 담당하며 각각의 역할이 명확하게 분담되어 있는 조직도 많습니다.

예전에는 단순하게 디버깅 파트와 함께 묶여 있던 시절도 있었지만 최근에는 직접적인 결함이 아니더라도 조작감이나 이용자의 감정에 대한 제안까지 업무 범위에 포함되어 있어 게임 출시 전 '최후의 보루'로 존재하는 아주 든든한 존재입니다. UI 점검을 의뢰할 기회도 많으므로 어떤 부분을 어떤 절차로, 어떤 관점의 피드백이 필요한지를 명확하게 해두는 것이 좋습니다.

6.3.5 이해관계자

이해관계자는 스테이크홀더Stakeholder를 의미하며 제 경험상 게임 업계에서는 승인자 및 의사결정권자를 가리키기도 합니다.

중요한 구현 내용을 판단하거나 완료 지점마다 승인을 내리기도 합니다. 특히 UI 리더는 상위 의사결정권자와 함께 할 기회가 많습니다. 따라서 긴장할 수밖에 없는 관계이지만 평소 대화를 통해 이 게임과 UI에서 어떤 결과를 기대하고 있는지 이해관계자의 입장에서 생각해보기 바랍니다.

그리고 UI에 대한 의견을 받을 때는 급박하게 테스트하는 날까지 기다리지 말고 사전에 협의하는 배려도 잊지 말기 바랍니다.

6.3.6 이용자

인력 관리에서 가장 중요한 사람인 이용자로 내용을 마무리하겠습니다. 여기에서의 **이용자**는 게임을 즐기는 일반 소비자를 가리킵니다.

UI는 이용자와 게임을 연결하기 위해 존재합니다. 게임의 가장 전면에서 이용자를 맞이하는 역할을 하기 때문에 UI에 대한 의견은 기본적으로 부정적인 내용이 많은 편입니다. 왜냐하면 이용자가 볼 때 UI가 정상적인 것은 당연한 일이고 그럴 수 없는 상황이 되어서야 비로소 인식하는 경우가 많기 때문입니다(UI 디자이너 중에서는 '노코멘트가 최고의 칭찬'이라고 말하는 사람이 있을 정도입니다). 부정적인 의견을 많이 접하면 마음이 상하기 쉽습니다. 일정이나 비용, 기술적인 이유로 어쩔 수 없는 경우도 당연히 있을 것입니다.

그러나 이용자가 의견을 말하는 이유는 개선을 기대하기 때문입니다. 사람은 중요하지 않은 일에 귀중한 시간을 할애하지 않습니다. 콘텐츠가 넘쳐나는 현대에는 더욱 그렇습니다. 더 개선할 방법은 없는지 끈질기게 고민합시다. 단, 이용자의 의견을 수렴하는 방안을 검토할 때는 의견을 글자 그대로 따르는 것에 그치지 않도록 주의해야 합니다. 이용자가 진짜로 원하는 것을 찾아내 본질적인 문제를 해결하는 것이 중요합니다.

또한 모든 사람에게 완벽한 UI는 존재하지 않는다는 점도 기억하기 바랍니다. 과거 플레이했던 게임, 생활 환경, 나이, 시대 등에 따라 사람들이 익숙하게 느끼는 UI는 달라집니다.

이용자의 목소리에 귀를 기울이며 개선을 반복하면서 균형을 유지하세요. 때로는 새로운 도전을 시도하거나 여러분이 하고 싶은 것, 보다 재미있고 편안한 경험을 제공할 수 있는 아이디어를 제안해보세요.

게임 제작자가 즐겁게 만들고 있다는 것 자체가 재미있는 게임을 만드는 데 중요한 요소입니다. 이를 잊지 말고 이용자와 마주하면서 UI 개발에 임하기 바랍니다.

비즈니스

회사에 소속된 UI 디자이너는 크리에이터인 동시에 **비즈니스 사업가**이기도 합니다. 일정과 비용을 지키고 돈을 벌어야 계속해서 게임을 만들어 이용자에게 제공하고 운영도 지속할 수 있습니다. 또한 새로운 도전을 통해 마음이 맞는 동료를 늘리면 UI에 더 큰 비용 투자와 함께 게임 플레이 경험을 개선해갈 수도 있습니다.

인디게임과 같이 독립적으로 개발할 때는 이런 감각이 더욱 중요합니다. 비즈니스 관점을 무시한 채 무턱대고 만들다 보면 게임 자체를 완성하지 못하거나 어렵게 출시한 게임을 폐기해야 할 상황에 놓일 수도 있습니다. 그렇게 됐을 때 가장 슬퍼할 사람은 당신의 게임을 기다리던 이용자입니다.

이번 절에서는 게임 UI 개발에서 고려해야 할 비즈니스 관점을 소개합니다. 크리에이티브한 사고와 비즈니스적인 사고를 균형 있게 익혀서 오랫동안! 즐겁게! UI를 계속 만들 수 있도록 레벨업하기 바랍니다.

6.4.1 견적

게임 개발에서는 실제 작업을 담당하는 구성원이나 파트를 총괄하는 리더가 견적을 산정하는 경우가 많습니다. 견적 산정에 익숙하지 않다면 순수 작업 시간만 계산하기 쉽지만 팀 단위로 개발하는 경우, 특히 대규모 게임 타이틀에서는 예기치 않은 추가 작업이 흔히 발생합니다. 이러한 현실을 감안하여 견적을 산정할 때는 다음과 같은 점을 고려해야 합니다.

- 하루 중 순수한 작업 시간은 70~80%로 한다.
- 영업일만 계산하고 휴일은 일정에 포함시키지 않는다.
- 일정 시점마다 버퍼를 설정한다.
- 테스트 플레이를 위한 시간을 고려한다.
- 중요한 마감일 전에는 노터치 디버깅 기간을 설정한다.
- 리더는 관리 비용만 고려하고 실제 작업에는 참여하지 않는다.
- 팀원의 평균 성과를 기준으로 추정한다.
- 개발 요구사항에 중요한 항목이 누락되지 않았는지 확인한다.
- 견적을 완료하면 마지막에는 1.5배수로 보고한다(중요!).

완성된 견적서는 반드시 팀원 모두가 함께 일일이 확인해야 합니다. 개발이 시작되면 자신이 속한 파트가 현재까지 사용한 수량과 남은 수량을 의식하면서 진행하기 바랍니다.

개요	현재 수량	남은 수량
메인 메뉴	1	10
뽑기 이벤트 연출	3	3
미션 화면	1	5
아이템 아이콘	50	0.25
디버그	—	80

※ 수량은 예시입니다.

6.4.2 요구사항 정의와 마일스톤

UI는 요구사항이 모호한 상태로 진행되면 추상적으로만 업무가 진행될 위험이 있습니다. 특히 인게임 확인을 위한 요구사항은 기능 단위(예: 남은 체력을 확인할 수 있다)나 UI의 이름 단위(예: 체력 게이지)로 묶여 있을 때도 있어 UI 파트에서 다루지 못할 수도 있습니다.

따라서 어느 시점까지 무엇을 구현하고 무엇을 평가하는 것이 목표인지 명확히 한 다음 팀 내부에도 공유해야 합니다. 또한 데이터 마감일과 그 기간 동안 수정할 수 있는 범위에 대해서도 세부 사항을 구체적으로 정리해두는 것이 좋습니다.

주로 다음과 같은 항목에 유의합니다.

- 신규 기능 구현 마감일
- 요소 교체 마감일
- 버그 수정 마감일
- 노터치 디버깅 마감일(코드 프리즈)

데이터 마감일은 반드시 지켜야 합니다!

데이터 마감일은 보통 엔지니어가 결정하지만 리더는 그 일정을 정확하게 파악하고 팀원이 주지하도록 노력해야 합니다. '이 정도 쯤이야…'라는 태도로 커밋한 데이터가 큰 문제를 일으키는 일이 정말 많습니다. 특히 그 시점이 마감 직전이라면 더욱 그렇습니다. 불가피하게 데이터를 업데이트해야 할 때는 즉시 그 이유와 영향을 미치는 범위를 관계자들에게 공유하고 허가를 받은 후에 커밋해야 합니다. 경우에 따라 해당 부분을 다시 디버깅해야 할 수 있으므로 각 파트와의 협력도 중요합니다.

6.4.3 사회 정세

사회 환경의 변화에 따라 지금까지는 OK였던 것들이 어떤 날을 기점으로 NO가 되는 일도 자주 발생하는 것이 UI 파트입니다. 예를 들어 대규모 지진이 발생하면 '강진!'과 같은 키워드를 배너 등에서 제거하는 등의 배려가 필요합니다.

최근에는 게임 안에서 일어나는 표현에도 PC$^{Political Correctness}$(정치적 올바른 표현) 등을 고려하여 특정 인물에게 불쾌감을 주지 않도록 하는 것에 대한 인식이 높아지고 있습니다. UI 리더는 특히 더 이러한 변화에 능숙하게 대응할 수 있도록 시사 정보나 인터넷 뉴스 등을 항상 주시해야 합니다.

게다가 법률이나 조례와 같은 명확한 규정 외에도 이용자의 감정을 존중해서 판단해야 할 때도 의외로 많습니다. UI는 최대한 중립적인 관점에서 디자인을 진행해야 할 때도 있으므로 이러한 균형 감각을 잊지 않도록 합시다.

6.4.4 지적재산권

UI 전문가로서 디자인을 할 때는 자신 및 타인의 권리를 침해하지 않는 방식에 대해 철저히 인식해야 합니다. 게임을 비롯한 엔터테인먼트에서도 창작자를 보호하는 권리가 확실하게 정비되어 있습니다. 이를 **지적재산권**이라 부르며 특허 및 저작권도 여기에 포함됩니다.

이 영역은 매우 전문성이 높은 분야이며 단지 몰랐다는 핑계로 얼렁뚱땅 넘길 수 없습니다. 회사에 속한 경우에는 법무 부서나 지적재산권 부서와 협력하면서 진행해야 합니다.

리더는 자신의 개발물뿐만 아니라 팀원이 제작하거나 협력 회사가 납품한 개발물에 대해서도 타인의 권리를 침해하지 않았는지 주의를 기울여야 합니다. 특히 IP 타이틀의 경우 저작권 등의 권리 문구를 모든 곳에 표기해야 합니다. 이는 게임 안에서는 물론 배너나 웹용 홍보물 등에도 마찬가지입니다. 따라서 UI 담당자는 모든 디자인에서 권리를 표기하는 것의 필요성을 항상 인지하고 있어야 합니다.

6.4.5 직업 평가와 유망 직종

마지막으로 UI 디자이너라는 직업에 대한 평가와 미래의 유망 직종에 대해 이야기하겠습니다.

직업 평가

조직에 따라 다르겠지만 게임 UI 디자이너가 하는 일은 사실 명확히 평가하기 어려울 수 있습니다. UI는 사용하기 불편하지 않고 뛰어난 디자인일수록 사람들이 그 존재를 잘 인식하지 않기 때문입니다. 또한 UI 덕분에 게임이 잘 나간다거나 게임 UI가 최고라는 코멘트를 받는 경우도 매우 드뭅니다. 나쁜 점은 금방 눈에 띄어도 좋은 점은 그렇게 눈에 띄지 않습니다.

지금까지 반복해서 설명했듯이 UI는 게임 개발의 전 과정을 조망할 수 있는 몇 안 되는 파트 중 하나입니다. 또한 이용자와 가장 가까운 곳에서 만나며 쾌적한 플레이 경험을 지원하는 든든한 존재입니다. 이를 주도적으로 만들어내는 UI 디자이너라는 직종은 지금보다 더 높게 평가받아야 한다고 생각합니다.

업무에 대한 평가는 정량적인 목표 수치로 환산되어 있을수록 객관적으로 판단하기 쉽습니다. 따라서 게임 UI의 경우에도 적극적으로 수치를 들고나와 어필할 필요가 있습니다.

개발 중인 타이틀이라면 '언제까지 ○점짜리 결과물을 ○명의 구성원으로 완성한다'든지 'UI 파트가 주도적으로 움직여 다른 파트 ○명 분의 작업 시간을 줄인다'와 같은 구체적인 수치로 정리한 목표도 좋을 것입니다. 또한 이미 운영 중인 게임이라면 'UI를 개선하여 튜토리얼 통과율을 ○% 향상시킨다'와 같은 목표도 세울 수 있습니다.

유망 직종

UI 디자이너는 이용자와의 대화를 다루는 직종이므로 커뮤니케이션 능력이 뛰어나고 솜씨 좋은 사람이 많다는 인상이 있습니다(저는 솜씨는 그저 그렇다는 말이 더 어울릴 수도 있지…만).

저를 비롯해 일정 시기가 지나면 다른 직종으로 전환하거나 타 업무를 병행하는 분도 많이 볼 수 있습니다. 개발 업무에 대한 지식이 있다면 관리나 디렉션 관련 직종도 도전해볼 수 있으며 UI보다 더 깊이 있는 UX 디자인 분야를 배우는 것도 좋을 것입니다. 물론, 평생 UI 전문가가 되는 길도 있습니다.

다음은 제 경험을 토대로 UI 디자이너가 상대적으로 쉽게 고려할 수 있는 다른 직업입니다. 이런 미래를 그리면서 현재 업무에 임하는 것도 좋습니다.

- **리드 UI 디자이너 · 리드 UI 아티스트**
- **리드 비주얼 디자이너**
- **아트 디렉터**
- **테크니컬 아티스트**
- **플래너 · UI 플래너**

- UX 디자이너
- 디렉터
- 진행 관리자
- 프로젝트 매니저
- 프로듀서

경력 소개

이번 칼럼에서는 지금까지 제가 걸어왔던 경력들을 소개합니다. 여러분의 앞으로 경력을 고려할 때 참고가 되면 좋겠습니다.

- UI 디자이너
- 영상 디자이너
- 리드 UI 디자이너
- 리드 비주얼 디자이너
- 아트 디렉터
- UX 디자이너
- 프로젝트 매니저
- 프로듀서

여러 우여곡절이 있었지만 전반적으로 보면 늘 UI 디자인과 관련이 있었습니다. 제가 희망한 것도 있고 회사가 결정한 것도 있습니다. UI와 다소 관련 없어 보이는 영상 디자이너나 프로젝트 매니저(PM)와 같은 직군도 있지만 영상이라면 UI 애니메이션에 관련된 기술, PM이라면 업무 관리 기술을 기를 수 있었기 때문에 쓸데없는 경력이라고 생각하는 것은 단 하나도 없습니다. 이 책을 쓰는 시점에는 프로듀서를 맡고 있지만 몇 년 후에는 또 다른 직업에 종사하고 있을 가능성도 있습니다.

UI 디자인에서는 이용자, 즉 다양한 '사람'에 대해 깊이 이해해야 시야가 넓어지고 결과물에서도 드러납니다. 때로는 의도적으로 완전히 다른 세계에 과감하게 뛰어드는 것도 장기적으로는 UI 디자이너로서의 경력 개발로 이어질 수 있습니다. 어떤 직종에서든 UI 학습에 도움이 되는 것을 찾아볼 수 있습니다. 경력에 관해서는 여러분도 각자 다른 생각을 하고 있겠지만 커리어 변환을 즐기는 자세도 하나의 선택지로 고려해보면 좋을 것입니다!

6장
레벨업 정리

기술을 계속 발전시킨다!

'6.2 개발 기술'에서 소개한 항목들은 각각 책 한 권씩을 쓸 수 있을 만큼 알아야 할 것도 많습니다. 또한 이 책에서 미처 다 소개하지 못한 내용도 많습니다. UI 디자인은 다각적인 기술을 습득하고 이를 계속 연마해야 실력이 늡니다. 과거의 지식을 활용할 수 있는 경우도 많으므로 배우는 것을 즐기기 바랍니다.

게임은 '사람'이 만드는 것이다!

게임은 사람이 만들고 사람이 즐기는 엔터테인먼트입니다. 최근 개발 및 출시되는 게임은 그 규모가 상당히 크기 때문에 여러 동료와 효율적으로 만들어 나가려면 팀 빌딩이 필수적입니다. 서로의 담당 분야를 이해하고 존중하는 마음으로 개발에 임합시다.

비즈니스 관점을 잊지 않는다!

상업용 게임이든 인디게임이든, 게임을 만드는 데에는 비용이 듭니다. 여기에는 제작 비용뿐만 아니라 인적 자원 등도 포함됩니다. 팀 구성원 각자가 비즈니스적 관점을 가져야 투입된 귀중한 리소스를 최대한 활용할 수 있습니다. 특히 리더급이라면 이에 대해 반드시 생각해보기 바랍니다.

이제 여러분도 전문가입니다!

마치며

팀원, 이용자와 함께 최고의 UI를 탐구해봅시다!

7.1 게임은 누구를 위한 것인가?

UI는 이용자를 위해 존재합니다.

특히 세상에 내놓는 순간부터 '고객'이 메인이 됩니다. 디자이너는 개선이 필요하다고 생각하는 반면 고객은 익숙해졌으니 바꾸지 말아 달라고 생각할 수도 있습니다.

예전에는 한번 판매된 게임은 업데이트를 할 수 없기 때문에 100점 만점의 품질로 개발하는 것이 중요했습니다. 완성되는 순간까지 높은 품질을 중시하며 마치 한 권의 완벽한 책을 만드는 것이 최대 목표였습니다. 속된 말로 '팔면 끝'이었습니다.

하지만 현재는 운영형 게임이 주류가 되어 높은 품질은 물론 고객이 요구하는 타이밍에서 출시하는 것도 매우 중요해졌습니다. 즉, 적절한 품질로 적절한 시점에 출시해야 합니다.

'2장 콘셉트'에서 프로젝트 스토리를 확인했습니다. 여러분이 참여하는 프로젝트는 100점 만점으로 완성하는 것과 항상 80점을 유지하는 것 중 어느 쪽이 비전 달성에 더 가깝습니까?

이러한 문제는 UI 파트 안에서만 고민한다고 해결되지 않습니다. 팀원은 물론 프로젝트에 직접 참여하지 않는 외부 구성원과도 적극적으로 소통하면서 다양한 사람의 의견을 듣고 그들의 생각을 흡수해야 합니다. 이는 반드시 UI 디자인 결과물에 좋은 영향을 미칠 것입니다.

다시 한번 강조하지만, 애초에 모든 사람에게 완벽한 UI는 존재하지 않습니다. 이용자가 100명이라면 100가지의 의견이 나오는 것은 당연한 일입니다. UI는 성공한 디자인뿐만 아니라 실패한 디자인도 다음 도전을 위한 밑거름이 됩니다. 즐겁게 개선해봅시다!

7.2 그리고 UX 디자인으로...

지금까지의 내용을 바탕으로 UI에서 더 나아가 게임 그 자체의 '경험' 디자인에도 관심이 생긴 분은 UX 디자인을 배워 보는 것은 어떨까요? UX 디자인은 게임 그 자체는 물론이고 이용자, 서비스, 비즈니스까지 포함하는 폭넓은 분야를 대상으로 디자인하는 영역입니다.

UX 디자인은 특히 게임 업계에서 많은 성장 가능성이 있는 단계입니다. 기획이나 마케팅 등 넓은 지식이 필요하기 때문에 난이도가 확연하게 달라지겠지만 게임과 이용자의 모든 접점(게임의 존재를 처음 알게 된 곳부터!)에 관여할 수 있으며 UI 디자인과는 또 다른 재미를 느낄 수 있을 것입니다.

세상에 알려진 UX 디자인이나 마케팅 관련 노하우는 대부분 일반적인 제품을 대상으로 합니다. 게임 등의 엔터테인먼트는 '오락'입니다. 일상 생활에서 빼놓을 수 없지만 일반 소비재와는 달리 없어도 살아갈 수 있습니다. 그렇기 때문에 엔터테인먼트의 UX를 디자인하는 것은 일반 제품의 UX 디자인과는 다른 시각이 필요하며 더욱 본질적인 이용자의 필요, 즉 마음을 사로잡아야 한다고 생각합니다.

게임의 UI 디자인에 관여하는 여러분 중에는 평소에 늘 이용자를 고려하면서 개발하는 분이 많을 것입니다. 이것은 쉽게 얻을 수 있는 기술이 아닙니다. 그러한 기술을 가진 분들이 게임 제작의 초기 기획 단계부터 참여한다면 미래의 엔터테인먼트 산업에 매우 긍정적인 영향을 미칠 것입니다.

다음 페이지의 그림은 UX 디자인에서의 대처 방법 중 하나입니다. 이러한 정량적, 정성적 조사를 조합하면서 진행합니다. 이 책 말미에 있는 '참고 자료'에 관련 서적을 소개했으니 관심 있는 분은 꼭 한 번 확인해보기 바랍니다.

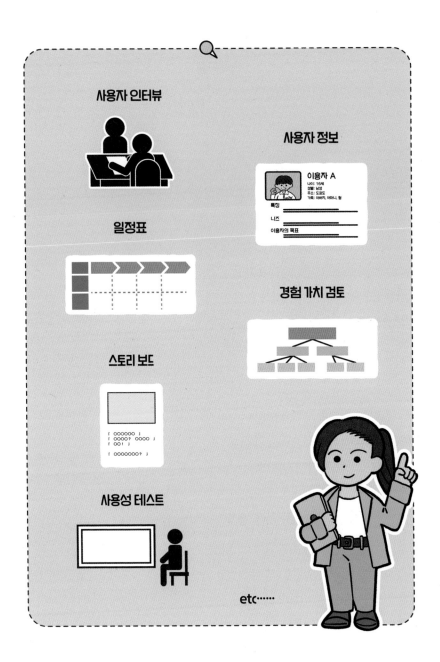

사용자 인터뷰

사용자 정보

이용자 A

일정표

경험 가치 검토

스토리 보드

사용성 테스트

etc······

맺는말

수고하셨습니다! 게임 UI 디자인 모험은 어땠나요?

이 책은 업무 흐름을 중심으로 설명했지만 인간공학이나 디자인 기술, 구현 노하우 등 UI 관련해서는 아직도 다뤄야 할 분야가 많습니다. 앞으로 기회가 있다면 그와 관련된 정보도 나눌 수 있으면 좋겠습니다.

게임 UI는 혼자서 만들 수 없습니다.

UI 담당자가 한 사람이라 할지라도 내가 하고 싶은 게임을 내가 만들어서 내가 플레이하는 것이 아니라면 거기에는 반드시 다른 사람과의 협업이 존재합니다. 같은 팀원은 물론 이해 관계자, 더 나아가서는 고객도 UI 디자인을 함께 만들어가는 동료입니다. 이것이 반복적인 커뮤니케이션의 중요성에 대해 설명한 이유입니다.

UI 디자인에 관여하면 매일 밀려 들어오는 수많은 의견(혹은 그 반대, 무관심)에 마음이 꺾이기도 할 것입니다. 저는 주변에서 UI 디자인에 몰두하는 분들이 자랑스러움과 고독을 동시에 느끼고 있다는 말을 자주 듣습니다.

- 더 나은 나를 만들고 싶지만 인원이 부족하다.
- 드디어 부하 직원이 생겼지만 어떤 것부터 가르쳐야 할지 모르겠다.
- 이용자의 플레이 경험에 기여하고 있는데도 제대로 평가받지 못한다.

저는 이와 같은 고민을 매일 듣습니다. 앞에 '머리말'에서 언급한 콘퍼런스에서 만난 분들도 마찬가지였습니다.

이 책은 입문서 성격을 띠지만 UI 분야 종사자 여러분에게 제가 경험한 것을 전달하고 마음의 든든한 버팀목이 되었으면 좋겠다는 마음으로 펜을 들었습니다.

저는 이미 UI 디자이너에서 새로운 단계로 나아가고 있지만 이용자에 대한 마음은 더욱 강해졌습니다. 그리고 누구보다도 가까운 위치에서 이용자에게 다가갈 수 있는 'UI 디자인'이라는 분야에서 게임 산업에 참여할 수 있다는 것이 자랑스럽습니다.

이 책을 통해 UI 디자인에 관여하는 여러분의 도움이 되고 싶습니다. 그리고 많은 동료를 만나고 싶습니다. 그러면 세상에 태어나는 엔터테인먼트, 즉 오락의 질이 향상되고 사람들의 삶도 더욱 풍요로워질 것이라 믿습니다. 그러한 미래에 조금이나마 기여할 수 있다면 그보다 기쁜 일은 없습니다.

앞으로도 동료와 고객과 함께 최상의 UI를 탐구해봅시다!

오타가키 사야코

감사의 글

마지막으로, 이 책을 쓰는 데 도움을 주신 분들에게 이 자리를 빌려 감사의 말씀을 전하고자 합니다.

가족을 비롯해
반다이남코 온라인 및 협력 회사 관계자 여러분,
친구들,
SNS에서 따뜻한 댓글을 남겨주신 모든 분…,
이 책은 이렇게 많은 사람의 지지를 받아 완성되었습니다.

특히 출판의 첫 단추를 끼울 수 있게 해준 풀밸런스 대표 가쿠마 씨, 친절하게 이야기를 듣고 출판사와 길을 만들어준 TIDY의 쓰카고에 씨, 멋진 일러스트를 그려준 오피스 시바짱 여러분, 책 디자이너, 조판 회사의 여러분 고맙습니다. 그리고 편집을 담당한 후카다 씨와 쇼에이샤의 미야코시 씨에게도 깊이 감사드립니다. 본업 중 짬을 내어 쓰느라 늦은 원고를 끈기 있게 기다려주셔서 정말 감사했습니다. 앞으로도 잘 부탁드립니다.

참고 자료

서적

- 『모든 기획자와 디자이너가 알아야 할 사람에 대한 100가지 사실』(수잔 웨인쉥크 저, 이재명 외 2인 역, 위키북스, 2021)
- 『디자이너가 아닌 사람들을 위한 디자인북』(로빈 윌리엄스 저, 윤재웅 역, 라의 눈, 2016)
- 『UI 디자인 교과서』(하라다 히데시 저, 전종훈 역, 유엑스리뷰, 2022)
- 『UXデザインの教科書(UX 디자인 교과서)』(安藤昌也[著], 丸善出版, 2016)
- 『Know Your Onions: Graphic Design』(Drew de Soto, Laurence King Publishing, 2014)
- 『実戦マーケティング戦略(실전 마케팅 전략)』(佐藤義典[著], 日本能率協会マネジメントセンター, 2005)

웹사이트

- Game UI Database
  URL https://www.gameuidatabase.com/
- UX MILK | 크리에이터를 위한 UX 미디어
  URL https://uxmilk.jp/
- デザイナー脂肪(블로그)
  URL https://www.imagawa.tokyo/

참고 게임 타이틀 등

- 〈Pokémon HOME〉
  (©2020 Pokémon. ©1995-2020 Nintendo/Creatures Inc. /GAME FREAK inc.)
- 〈모여봐요 동물의 숲〉
  (닌텐도주식회사)
- 〈포트나이트〉
  (에픽게임즈)

- ⟨오버워치⟩

    (블리자드 엔터테인먼트)
- ⟨마인 서바이벌⟩

    (WILDSODA)

▎소재 크레딧

이 책에서는 다음 서비스에서 제공하는 소재들을 사용했습니다.

- Adobe Stock

    `URL` https://stock.adobe.com/jp
- イラストAC(일러스트AC)

    `URL` https://www.ac-illust.com/
- 写真AC(사진AC)

    `URL` https://www.photo-ac.com/
- シルエットAC(실루엣AC)

    `URL` https://www.silhouette-ac.com/

찾아보기